わかる！

楽しい！

中学校数学 授業のネタ

110

玉置 崇

［編著］

3年

明治図書

はじめに

　ありがたいことに，全国各地で数学授業づくりに関する講演をさせていただいています。

　そのときに結構な頻度であるのが，2014年3月に発刊した『わかる！楽しい！中学校数学授業のネタ100』の書籍を持参され，「サインしてください」と言われることです。著者としてこんなにうれしいことはありません。

　「玉置先生，この本は私の数学授業バイブルです。職員室と自宅の机上に各学年1冊ずつ置いてあります」

　「この本の傷み具合を見ると，何度も本を開いていることがわかっていただけますよね。数学授業づくりにこんなに役立つ本は他にありません」
などと言ってくださる方もいて，心の中が喜びでいっぱいになることがあります。

　それと同時に，発刊してから10年以上経ったことから，新たなネタをそろえて新版を出す機会があるといいなと思っていました。そうした中，明治図書出版の矢口郁雄さんから「新版を出しませんか」と声をかけていただきました。上記のように読者からうれしい声をいただけるのも，矢口さんが前作を親しみやすく活用しやすい書籍に仕上げてくださったからです。その矢口さんからの新版発刊の相談には，二つ返事で了解しました。

　今回は110本の数学授業ネタを提案しました。110本のうち96本はまったくの新ネタです（残りの14本は，前作に収録したネタに改良を加えたものです）。つまり，前作をお持ちの方は，数学ネタを200本近く手に入れることになります。どうぞ存分にご活用ください。

　本書では，各単元とも「説明ネタ」「課題ネタ」「教具ネタ」「探究ネタ」で構成しました。前作の「習得ネタ」は「説明ネタ」の中に包括し，新たに

「探究ネタ」のカテゴリーをつくりました。「探究ネタ」を提案したのは，様々な理由があります。その理由の1つは，数学は現実問題を解決するために役立つ学問であり，探究ネタによって生徒に数学が現実世界と密接に関連していることを実感させたいという思いがあったからです。「教具ネタ」は，1人1台の情報端末が活用できる状況であることを前提としています。前作から学習環境がかなり変化していることを改めて実感します。

　また，単なるネタ（問題や説明）の紹介にとどまらず，そのネタを使って授業をする際の教師の心得，生徒の反応例とその生かし方，数学的な見方・考え方とのつながりなども記載しています。1つのネタは前作同様に1ページにまとめ，日常授業で使いやすいようにしました。

　さらに，110本のネタを執筆するにあたって，執筆者（玉置崇・芝田俊彦・山本龍一・松井大樹）で，数学授業勉強会を開きました。この原稿で，若い先生方にネタの価値，そのネタを生かす授業イメージなどが伝わるかどうかをしっかり検討しました。ベテランの先生方には，生徒とともにつくる数学授業の楽しさやおもしろさがより伝わるように，模擬授業などもしながらネタを練り上げました。

　こうして自信をもって世に出せる本になったと自負しています。拙著を活用して，全国各地で生徒とともにつくる知的で楽しく充実した数学授業が実践されることを執筆者一同祈念しています。

2025年1月

玉置　崇

目次

わかる！楽しい！
毎日の授業で本当に役立つネタ

わかる！楽しい！
中学3年の数学授業のネタ110

式の展開と因数分解

わかる！楽しい！
毎日の授業で
本当に役立つネタ

1 ネタをより生かすために

(1) まずは教師が数学ネタを楽しむ

　一番大切なのは，先生自身がネタを楽しむことです。例えば，「学級の中の共通因数を探そう」（p.22）というネタがあります。こんな面白いネタはないと思います。

　ネタを楽しむには，まずは生徒の気持ちになることです。この問いが提示されたときの生徒の気持ちを想像してみましょう。

　「数学でこんな問題は見たことがない！」

　「先生が何か不思議なことを考えている！」

　「『学級の中の共通因数』って何？」

などと生徒の気持ちを予想すると，ネタのよさがわかってくると思います。

　そして，授業でこういう反応を引き出すためには，どのような発問・指示をするとよいかを考えます。生徒から素直な意見を出させようとすれば，

　「この問題を見て思うことを自由に発言してください。解答ではありませんよ。心に浮かんだことを遠慮なく発言してください」

といった指示が考えられます。

　私はこうした発問や生徒反応を考えることが楽しくて仕方がありません。生徒が「先生は何を考えているかわからない」と言ったら，「だから，その『何』を考えてほしいんだよ」と返そうと考えたり，「私を疑っている人がいるようですね」とゆさぶったりしながら，生徒の言葉でつくる授業を想像して，ワクワクします。本書では，こうした気持ちになるネタをたくさん紹介しました。

(2) ネタの意図をつかむ

「どの式の値が一番大きいか予想しよう」（p.46）というネタがあります。「式の値を求めましょう」といったよくある問題ではなく、「大小を予想してから大きい順に並べましょう」という問題になっています。

> $x = \sqrt{3} - \sqrt{2}$, $y = \sqrt{3} + \sqrt{2}$ のとき、次の式の値の大小を予想してから大きい順に並べましょう。
> ① $(x + y)^2$　　② xy　　③ $x^2 - y^2$

「予想してから」としている意図を考えてみてください。式の値の大小問題であるにもかかわらず、すぐに代入して式の値を求めるのではなく、まずは予想してみることを促すということは、そうした力が大切であると生徒に伝えたい意図があります。

例えば、「①②③のうちで、どの式の値が一番小さいと予想できるでしょう」と投げかけてもよいでしょう。

すると、①や②は正の数、③は負の数になることに気づく生徒が出てくるでしょう。その生徒に考えを発表させることで、他の生徒も予想が確信につながるでしょう。そして、何でも闇雲に取り組むのではなく、予想してみることのよさを実感することができます。

仮にこの問題の問いが「①②③のうち、式の値が一番小さいのはどれでしょう」であったら、あっという間に正解を求めることができます。式の値を一つひとつ求めることの無駄を感じる生徒がいるでしょう。

①と②の大小についても、①の式を展開したことを考えると、容易に予想できます。①を展開すると、$2xy$ という②を2倍した式が登場するわけですから、①の方が大きいと判断できます。このように、実際に式の値を求める前に、それぞれの式を眺めて考えてみることの効率性、さらにいえば数学本来の面白さを感じさせたいという意図をつかんでいただきたいと思います。

このネタは「x と y の値を入れ替えたときの大小を考える」ことで，さらに発展させています。まずは，式の値が変わるのは③だけであることに気づいてほしいという意図を感じていただけるでしょうか。そのような気づきを生まれやすくするには，日ごろから与えられた問題に取り組ませるだけでなく，教科書の問題を自ら発展することでより理解を深めさたり，考えを広げることができないかと試行錯誤させたりすることが有効です。

　ひょっとすると，生徒から「①と③が同じ値になるための x，y の値はあるだろうか」と新たな問いが出されるかもしれません。こうした生徒を育てるには，教師自身が日ごろから数学を楽しんでいる姿，発展的に考える姿を見せておくことも大切です。

(3) オリジナルのネタづくりに挑戦する

　本書で紹介する110本のネタを基に，ぜひオリジナルのネタづくりに挑戦していただきたいと思います。例えば，「どうやって作図しているの？」（p.83）を基にすると，教科書等の図を見せて同様に提示するネタを思いつく方も多いことでしょう。

　「どうやって作図しているの？」は，線分 AB を３：２に分ける動画を見せて，何をしているかを考えさせるネタです。それを説明する活動を通して，３：２に分けられる理由を考えさせたり，かき方のポイントを言語化させたりする意図があります。また，操作活動を自分の言葉で表現させることで，思考力・判断力・表現力等を身につけさせようという意図もあります。

　こうしたことに気づくと，オリジナルなネタが浮かんできます。ぜひそのネタを生徒にぶつけてみてください。きっと授業をするのがもっと楽しくなるはずです。

2 心理的安全性が高い数学教室を

(1)「わからない」と言える数学教室づくり

　数学授業に限ったことではありませんが，教室では気軽に「わからない」
と言える空気があることが大切です。安心して授業を受けることができる教
室であってこそ，数学が楽しめるからです。「間違えたらバカにされるかも
しれない」「『わからない』と言ったら，『何を聞いているんだ！』と先生か
ら言われるかもしれない」などという不安な気持ちがあっては，楽しく学ぶ
ことはできません。

　授業開きでは，「『わからない』と言えることの価値」を，ぜひとも生徒に
伝えましょう。ある生徒が『わからない』とつぶやいたことから，学びが発
展したり，進化したりした例を伝えることも有効です。

　また，「表情発言」を推奨しましょう。挙手発言だけではなく，表情によ
る発言があることを丁寧に説明するとよいでしょう。よくわかったときは明
るい表情を，よくわからないときは難しい表情をすればよいと伝えましょう。
表情を基に指名したり，発言者につないだりすることを具体的に示して，安
心させることです。そのためにも，教師は表情豊かに，

　「そう，そう，そのように『よくわかりました』という表情をしてくださ
いね。よい表情を見ると，私も安心できます」
と明るく話しましょう。

　少人数の方が「わからない」と気軽に言えることから，ペアや4人で話し合
う(聴き合う)場面を多く取り入れることも伝えておきましょう。生徒がそう
した意図を理解していると，心理的安全性を高めるのにより効果があります。

(2)話し合う（聴き合う）ことが楽しい集団に

　ある数学授業を参観したときのことです。

　4人で話し合う（聴き合う）場面がありました。教室には8グループほどありましたが，すべてのグループが課題解決のために自分の考えを出し合い，聴き合い，学び合っていました。「それはどうして？」「そこはわかったのだけど，なぜこの式が出てくるのかがわからない」などと，解決に向けての話し合い（聴き合い）を楽しんでいました。「なぜこんなにも話し合ったり，聴き合ったりすることが楽しそうなのだろうか」と不思議に思えるほどでした。

　そこで，授業者の先生に尋ねてみたところ，どの学級も楽しく話し合う集団にするためのヒントがもらえました。その先生は，最初に次のように言われました。

　「授業中に楽しんで話し合える集団は，普段から話し合うことを楽しんでいるはずです」

　確かにその通りです。「授業だから」「指示されたから」では，急に話し合う集団になることはありません。日頃から互いに思うことを伝え合える集団であるはずです。

　「私の学級では，朝の会に4人で2分間話し続けるワークショップを行っています。テーマは日直が提案することにしています。『自分が好きな食べ物を伝え合う』というテーマが出されたことがあります。そのテーマで2分間話し続けるのです。こうしたテーマなら，だれもが話すことができます。同じ食べ物でも好きな理由が違っていたり，家庭での味つけが異なっていたりしますので，話は尽きません。私もグループに加わって，生徒と楽しく話しています」

　朝の会の様子が目に浮かぶことでしょう。日ごろから「話し合うことが楽しい」と感じる経験をしているからこそ，授業中においても気軽に話し合え，心理的安全性も高く，気軽に「わからない」と言える空気が醸成されているのだと確信できました。

わかる！楽しい！

中学3年の数学授業のネタ 110

式の展開と因数分解

平方根

二次方程式

関数 $y = ax^2$

図形と相似

円の性質

三平方の定理

標本調査とデータの活用

1

数学マジックの
タネを考えよう

課題ネタ

難易度★★

> 授業開きにどんなネタをもってくるかはとても大切です。このネタは，親しみやすいカードマジックを通して，式の展開の公式に迫ります。気がつけば数学的活動が始まる，授業開きにぴったりのネタです。

「今から数学マジックをします。みんなにはタネを見破ってもらいます」

　このように伝え，生徒2人に前に出てもらい，1枚ずつカードを選んでもらいます。些細なことですが，これだけでも生徒のモチベーションは高まります。今後の流れを考えて，暗算が瞬時にできる生徒を1人入れておくことがポイントです。

　2人でカードに書かれた数字を見てもらい，次の計算をさせます。カードの数は教師だけが見えていない状態にするとよいでしょう。

①2枚のカードの和を求め，その値をAとする

②2枚のカードの差を求め，その値をBとする

③小さい方のカードの数の2乗を求め，その値をCとする

④$A \times B + C$を求め，その値をDとする

　Dの値を聞き，大きい方のカードを当てます。教師がどのように当てたのか不思議に思い，生徒は話し合いたくなるでしょう。その際，思考の手がかりとして，①～④の手順は黒板に示しておきます。

　マジックの過程で生徒は実際の値で計算をしているので，他の値や文字でも確かめようとします。Dの値を聞いた後，わかった生徒がいれば，

「○○さんなら，先生と同じように当てられるよね?」

となるべく生徒が発言できる機会を設けて，生徒同士の対話のきっかけをつくります。Dが大きい方のカードの2乗になっていることに気づき，説明ができることを目指します。

2
単項式でわることを図で考えよう

教具ネタ

> 多項式÷単項式の計算を間違えてしまう生徒は多くいます。長方形カードの縦と横の長さに注目することで，除法の仕組みや分配法則についての理解を深めるための教具ネタです。

　最初に面積が12の長方形を提示し，縦の長さが２のときの横の長さを問います。生徒は反射的に６と答えるので，式も確認し，「長方形の面積÷縦の長さ＝横の長さ」であることを全体で共有します。

　ここで右の長方形カードを数枚ずつ配付し，$6a^2 \div a$についてカードを使って説明するよう指示します。「面積が$6a^2$だからa^2の正方形が６つ必要」「縦の長さがaだから横もa，それが６つあるので，$6a^2 \div a$は$6a$」（写真参照）などのように丁寧に確認していきます。

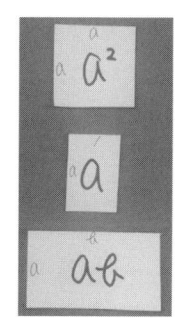

　同様に，
　「$(6a^2 + 3ab) \div 3a$は？」（写真参照）
　「$6a^2 \div 3a$は？」
　「$(6a^2 + 3a) \div 3a$は？」
と，カードを使って説明させていきます。

　この練習を繰り返すと，生徒にありがちな$(6a^2 + 3a) \div 3a$を$2a$と計算してしまうことが間違いであると気づけるようになります。

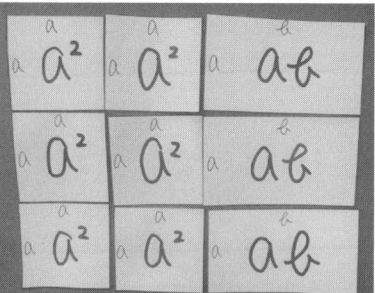

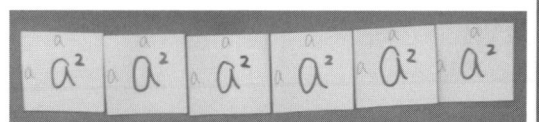

3

長方形の面積でいうと？

課題ネタ

難易度★★

> 乗法の公式で式を展開する際は $(a+b)(c+d)=ac+ad+bc+bd$ の a, b, c, d にいろいろな値を代入すればよいのですが，式の展開を幾何的に捉え，数学的な見方・考え方を鍛えるネタです。

乗法の公式 $(a+b)(c+d)=ac+ad+bc+bd$ を右図のように捉えます。まず ac は縦の長さが a，横の長さが c の長方形になります。この長方形の縦を b，横を d だけのばして広くしたとき，広げた長方形の面積を式に表すことで，乗法の公式を導きます。多くの教科書にも，このような図は掲載されているので，それを活用します。

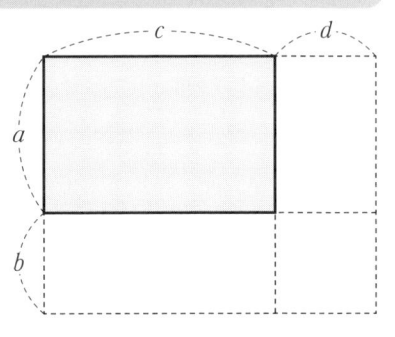

　この図を使って，全体の長方形と，４つの長方形の面積の和が等しいということを生徒の言葉で説明させるとよいでしょう。$(c+d)$ を１つのものとみて M とおき，分配法則を使って説明する代数的な方法とあわせて確認します。ここの指導を丁寧にしておくことがポイントです。

　今後扱う「平方の公式」「和と差の積」に対して，同じアプローチをする生徒が出てくることを期待します。代数的なアプローチだけでとにかく計算練習をするという方法もよいのですが，特に数学が得意な生徒はそれだけでは退屈してしまうこともあります。ときどき **「長方形の面積でいうと？」** と端的に尋ねることで数学的な見方・考え方を鍛えるとよいでしょう。

　特に平方の公式 $(a-b)^2$ では負の符号が出てくるため，その扱いについて，生徒同士の会話が生まれることでしょう。

4

図を基に
展開の公式を導こう

課題ネタ

難易度★★

> 展開の公式を覚えても，すぐに忘れてしまう生徒がいます。機械的に暗記していることが原因です。図を使って等しい関係に気づかせ，公式を自分自身で導いていく楽しさを味わわせる課題ネタです。

下図がかかれたプリントをグループに１枚配付し，次のように問います。

「２つの図を見比べて気づいたことがあったら教えてください」

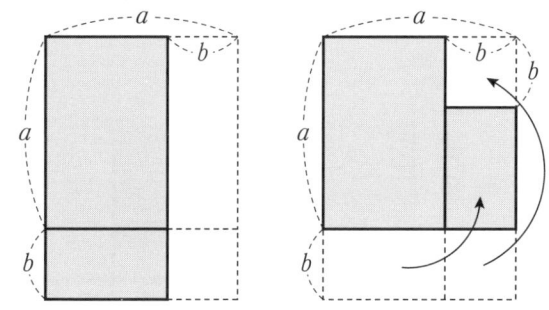

　「左図の太線で囲まれた長方形の面積は$(a+b)(a-b)$で計算できる」
「右図の太枠で囲まれた図形の面積はa^2-b^2と計算すればいい」と面積に関してつぶやくことでしょう。ポイントになるのは，２つの図の関係性です。なかなか関係性に目を向けられないようであれば，

「２つの図形に関係性はないのかな？」

と尋ね，気づきを促してみましょう。

　気づいた生徒が仲間に説明するために，用紙を切ってもよいかと聞いてくる場合があります。その場合，実際に切って説明しようとする姿を称賛しましょう。他の生徒も真似するようになります。

　一連の取組から「$(a+b)(a-b)=a^2-b^2$」という公式にたどり着きます。同様にして他の乗法の公式も導くことができます。

式の展開と因数分解

5

展開の公式を
図で確かめよう

教具ネタ

> 展開の公式は面積図とともに考えると理解が深まります。作図ツールを使えば，展開した式と面積図のどこが関連しているかが視覚的にわかり，なぜその展開の公式になるかが理解できます。

GeoGebra を使い，展開の公式と面積図を生徒に提示します。

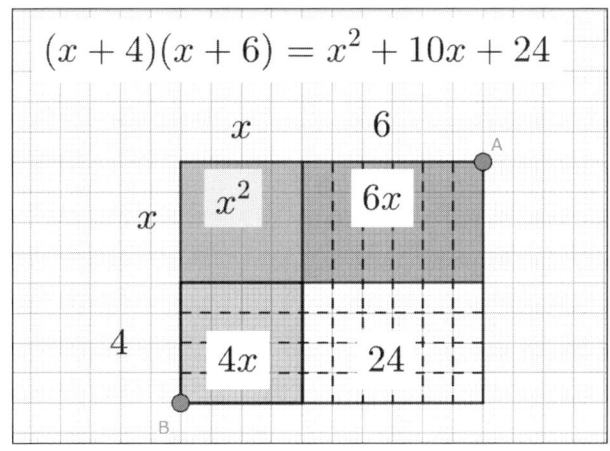

$$(x + 4)(x + 6) = x^2 + 10x + 24$$

まずはこの面積図を見て，どこが公式と関連しているかを生徒に尋ねます。生徒から意見が出ないときは，

「$10x$ の10はどこから出てくるのですか？」

と尋ねると，面積図を基にした意見が出てきます。

次に，なぜ展開の公式ができるか，面積図を基に説明させます。自分の言葉で説明できれば，公式の理解ができていると言えます。

面積図の頂点（点Aや点B）を移動させれば，図の大きさと式を変更することができます。いつも同じ公式で表せることの確認に使えるので，自由に面積図の大きさを変えさせ，どんな場合でも成り立つことを確かめましょう。

6

まずは共通因数を見つけよう

課題ネタ

難易度★

> 因数分解の多くは，公式を基に練習していけば，ある程度までは理解できます。生徒が難しいと感じる，公式が見えてこない問題の場合に，まずは共通因数を見つけることを意識させる課題ネタです。

> 次の式を因数分解しましょう。
> ① $3x(y-2)-2+y$ ② $ab+a+b+1$

　上記の2つは，多くの生徒が難しいと感じる問題です。これまで学習してきた因数分解の公式が見えにくく，どう計算を進めてよいかがわかりにくいからです。そこで生徒に，次のように伝えます。

「困ったときは，まず共通因数がないか考えよう」

　1人ではなかなか共通因数を見つけられないときは，ペアで話し合うとよいでしょう。①であれば，項の順番を入れ替えれば「$y-2$」という共通因数が見えてきます。因数分解をする際は「項の順番を入れ替えて計算しやすくしてもよい」ということが確認できます。

　②については，すべての項に共通する因数はありません。こうした問題の場合は「1つの文字に着目する」という考え方が大切です。

> $$ab+a+b+1=a(b+1)+b+1$$
> $$=(a+1)(b+1)$$
> ※ $b+1$を1つの文字と見るとよい。

　上の例では a を共通因数として整理し，その後に「$b+1$」というまとまりを見つけています。「まずは共通因数」を合い言葉にしましょう。

7

説明ネタ

学級の中の
共通因数を探そう

> 　共通因数のイメージを具体化させるために，学級の中の共通因数を探させます。日常的なものに置き換えて考えることで，学習用語の意味をより明確に捉えさせることができます。

　共通因数を取り出して因数分解することを指導した後に，以下のように投げかけます。

　「皆さん，共通因数についてよくわかってくれたようですね。ここで，生活の場面で共通因数を考えてみたいと思います。仮にこの学級の中で，共通因数を探すとしたら，どのようなことが出てくると思いますか？　この学級の一人ひとりに共通していることですよ。少し考えてみてください」

　共通因数を実生活に置き換えて考えさせ，共通因数のイメージをより強めようという意図です。しばらく考えさせて発表に入ります。

　「5です」

　「どういうことですか？」

　「3年5組だから，みんなに共通しているのは5です」

　「なるほど。だれもが5組ですね。だれ一人違う組の人はいませんから，確かに共通因数です」

　「○○先生です」

　「この学級のすべての人の担任は○○先生だから共通因数ですね。ではスマホはどうでしょうか？　共通因数だと思う人は○，違うと思う人は×を」

　×の生徒を指名して考えを聞きます。

　「みんなもっているわけではないので，共通因数ではありません」

　「その通り。でも，あなたたちはよく言いますよね。『みんなもってる』と…（笑）」

8

和が○，積が△の２つの整数を 素早く見つけよう

課題ネタ

難易度★

> 因数分解をするうえで，和が○，積が△となる２つの整数を素早く正確に見つける力は必要不可欠です。問題作成とペアワークを通じて，２組の数を見つける力を高める課題ネタです。

平方の公式を利用した因数分解の授業に入ったところで，

「因数分解をするうえで大切な，和が○，積が△になる２つの整数を素早く見つける練習をします。和が25，積が24になる２つの整数は？」

と問います。最初に見つけた生徒に，２つの整数とともに，どのように考えたのか過程も発表させます。積から組み合わせを絞っていくとよいことを全体で共有しましょう。共有した後，右図を提示し，

「積が24になる２つの整数の組み合わせをすべて見つけましょう」

と指示します。数分間経ったところで，ペアで確認させるとよいでしょう。

続いて，各自に問題をつくらせます。「和」「積」「何と何」をすべて書かせ，「何と何」だけ見えないように用紙を折らせます。作成に困る生徒には，ペアに助言を求め

和	積	何と何
25	24	1 と24
14	24	
11	24	
10	24	
−10	24	
−11	24	
−14	24	
−25	24	

るように促します。作成後，助言し合ったペアとは違うペアで用紙を交換し，互いの問題に取り組みます。多くの問題に取り組むことで慣れるだけでなく，自分自身で問題を作成することが，２組の数を正確に素早く見つける直感力を養うことにつながります。

9

○，□，△に あてはまる整数は？

課題ネタ

難易度★

> 因数分解をするときに必要な「和が○，積が△になる２数」を見つけることが苦手な生徒がいます。そこで，「積が□」に注目するとよいことを意識させる課題ネタを紹介します。

$x^2 + ○x + 36 = (x + □)(x + △)$

この等式の○，□，△にあてはまる整数をすべて答えましょう。

積が36になる２つの整数の組み合わせを漏れなく見つけることがポイントになります。九九の範囲で見つかる４と９，６と６はすぐに気づく生徒が多いですが，１と36や負の数の組み合わせには，最初は気づきにくいものです。しばらくしても気づけない場合には，

「九九の範囲以外で36になる組み合わせはないかな？」

「積がプラス36になる２つの整数の組み合わせはこれですべてかな？」

のようにキーワードとして「九九」「プラス」を出すことで，ひらめきのきっかけにします。

生徒自身に左辺の数の項を決めさせて取り組ませれば，約数が多い数ほど組み合わせが

○	□	△
37	1	36
20	2	18
15	3	12
13	4	9
12	6	6
−12	−6	−6
−13	−9	−4
−15	−12	−3
−20	−18	−2
−37	−36	−1

※□と△の値が入れ替わったものもある

多くなることにも気づいていくでしょう。数の項を負の項にすれば，積が負の数になる２数の組み合わせの練習ができます。

10

ひらめき力を高めよう

課題ネタ

難易度★★★

因数分解を攻略するためには，基本的な公式を身につけるとともに，どう置き換えるか，どの項を組み合わせるかなど，様々なひらめき力も問われます。そんなひらめき力を高めるための課題ネタです。

x^4+4 を因数分解しましょう。

「共通因数がない」「どの公式にもあてはまらない」「4乗は大変」と生徒がつぶやき出します。生徒のつぶやきに合わせ，

「$x^2=$ M と置き換えたらどうなる？」

と投げかけ，M^2+4 と変形します。そのうえで，

「このままではあてはまる公式がありません。何か1つだけ項を追加して，因数分解できるようにしましょう。どんな項を追加すればよいですか？」

と問います。この思考が因数分解の公式を利用するトレーニングになります。

①4M を追加すると，$M^2+4M+4=(M+2)^2$

②$-4M$ を追加すると，$M^2-4M+4=(M-2)^2$

③5M を追加すると，$M^2+5M+4=(M+1)(M+4)$

④$-5M$ を追加すると，$M^2-5M+4=(M-1)(M-4)$

①に注目させ，$M^2+4=(M^2+4M+4)-4M=(M+2)^2-4M$ であることを全体で確認し，Mがもともと何であったかを問い，Mを x^2 に戻して考えさせます。2乗-2乗だから和と差の積が使えることに気づく生徒が出てくるので，発表させて全体で共有しましょう。

公式にあてはまるように項を追加してその分ひくという発想は，式の値を効率的に求めるときの常套手段です。②～④の考えではうまくいかないことも確かめるとよいでしょう。

11
つくった問題を共有し，
解き合おう

教具ネタ

> 問題を作成することは，問題を解くことよりも多くのことを考えなければならず，力がつくことは疑う余地はありません。1人1台端末を用いて，生徒同士が問題を出し合って解く活動を行います。

　式の展開と因数分解の力をつけるためには，ある程度の問題演習の時間を確保して取り組ませる必要があります。教科書の問題の一つひとつで時間を区切るにしても，いくつかの問題をまとめて扱うにしても，早く終わる生徒は必ず出てくるため，時間を持て余してしまうことがあるでしょう。授業の雰囲気を悪くするのは，問題を解くのに時間がかかる生徒ではなく，問題がすぐにできて暇を持て余してしまう学力の高い生徒であることが少なくないので，教師は次に取り組むべき課題を提示しておく必要があります。

　その際に汎用性が高いのが「つくった問題を共有し，解き合う」活動です。例えば，因数分解の問題をつくるには因数分解ができるための係数設定が重要で，因数分解ができるようにつくられた問題に取り組むよりもはるかに力が必要です。数学の得意な生徒の腕試しにはぴったりだと言えるでしょう。

　ネットワーク上に，問題を入力できる場所を示しておくことで，教師だけではなく，生徒全員がつくった問題を見ることができるようにします。1人1台情報端末の有効な活用法の1つです。

　全体の問題演習の時間がひと段落したところで，教科書の問いだけではなく，生徒がつくった問題も含めて，取り上げてほしいものを生徒に選ばせます。時には，教師が問題を選んで取り出し，

　「この問題は，共通因数に対する理解ができているかがわかる，よい問題だね」

などと価値づけ，よい問題のモデルとその理由を示すとよいでしょう。

式の展開と因数分解／式の計算の利用

12

式を簡単にしないで
代入してみよう

> ある考え方のよさを実感させるには，その考え方を使わない方法をあえて使わせることが有効です。式の値を求める際には，式を簡単にせずに求めさせると，式を簡単にすることのよさを実感させられます。

$x = 22$ のとき，次の式の値を求めましょう。
$(4 - x)(4 + x) + (x - 6)(x + 1)$

上の問題を授業で扱う際，はじめに式を簡単にしたうえで x に22を代入する方法を示すのが普通です。

ところが，はじめに式を簡単にすることのよさをわからず，そのようにするものだと覚え込んでしまう生徒もいます。そこで，定石にしたがって解き方を確認した後，ちょっと時間をとって，式を簡単にせずに x に22を代入し，式の値を求める経験をさせてみることをおすすめします。

●式を簡単にしたうえで x の値を代入した場合
$$(4 - x)(4 + x) + (x - 6)(x + 1) = 16 - x^2 + x^2 - 5x - 6$$
$$= -5x + 10$$
$$\blacktriangleright -5 \times 22 + 10$$

●式を簡単にせずに x の値を代入した場合
$$(4 - x)(4 + x) + (x - 6)(x + 1) \blacktriangleright (4 - 22)(4 + 22) + (22 - 6)(22 + 1)$$
$$= -18 \times 26 + 16 \times 23$$
$$= -468 + 368$$

上のように並べて板書してみれば，暗算が難しい2桁の計算が2つも出てくるなど，後者の方が面倒であることは一目瞭然です。

式の展開と因数分解

13

乗法の公式を活用して 式の値を求めよう

課題ネタ

難易度★★★

> 文字の値を代入して式の値を求めることは１年から取り組んでいます。乗法の公式を活用することで，一つひとつの文字の値を求めることなく式の値を求められることに気づかせる課題ネタです。

> $x + y = 8$, $x^2 + y^2 = 50$のとき，$(x - y)^2$の値を求めなさい。

　方程式が２つあると理解し，「連立させたら解けるかも」と考える生徒がいます。最初の式を $y = 8 - x$ として後の式に代入することで，$x^2 - 8x + 7 = 0$という方程式を導くことができます。ところが，この段階で生徒はまだ二次方程式を学んでいないので困ってしまいます。x や y の値がわからなければ式の値は求められないと考える生徒もいます。

　生徒からアイデアが出にくいときには，

「問題の式を変形させられないかな？」

とヒントを出すとよいでしょう。「$(x - y)^2 = x^2 - 2xy + y^2$だから，$xy$ の値がわかれば計算できる」とつぶやく生徒が出てきます。つまり，$x^2 + y^2 = 50$とわかっているから，あとは xy の値がわかれば問題の式の値が求められるというのです。このこともなかなか理解できない生徒がいるので，意図的に指名をしながら多くの生徒に説明させるとよいでしょう。そのうえで，

「この xy の値はどうしたら求められるのだろう？　乗法の公式にはどんなものがあったかな？」

と投げかけ，$(x + y)^2 = x^2 + 2xy + y^2$の発想につなげます。この段階になると，$x + y = 8$, $x^2 + y^2 = 50$であることがわかっているので，$64 = 50 + 2xy$ より，$xy = 7$とわかります。こうした発想が大切な課題に取り組ませることで，乗法の公式を活用する力を高めることができます。

式の展開と因数分解／式の計算の利用

14
インド式計算の謎を追究しよう

探究ネタ

> 　インド式計算はよくメディアでも取り上げられます。インド式計算の方法でなぜ答えが出せるのかと疑問に思う生徒は多いでしょう。疑問の解決を通して，文字式を利用するよさを味わわせるネタです。

「私は２桁の数×２桁の数の計算の達人です」

　こう言って，生徒に２桁の整数を１つ言わせます。

生徒　43。

教師　43×47＝2021です。

生徒　84。

教師　84×86＝7224です。

　この２問には，十の位の数が等しく，一の位の数の和が10という共通点があります。生徒は，何かきまりがあるだろうと疑いはじめ，数を２つとも言いたがるので言わせます。

生徒　28×63は？

教師　…。

```
    43
 ×  47
 ─────
  2021

    84
 ×  86
 ─────
  7224

    28
 ×  63
```

　教師が答えられないことで，きまりの存在を確信します。そこで，どうして一瞬で答えが求められるのかを考えさせます。困る生徒が多い場合，43×47であれば20と21それぞれを○で囲むとよいでしょう。２数をそれぞれ$10a＋b$，$10a＋c$（ただし$b＋c＝10$）とおくことで説明できます。

「十の位の数が等しくて一の位の数の和が10になる２数の積だとこんな計算ができるのですね」

と語ると，「一の位の数が等しくて十の位の数の和が10になる２数の積だとどうだろう」と新たな疑問を抱く生徒が出てきます。こうした疑問を大切にしましょう。

式の展開と因数分解

15
面積を最大にするには？

探究ネタ

> 図形の面積を考えることで，乗法の公式を活用する力を高めることができる探究ネタです。実際にひもで図形をつくらせることで，苦手な生徒にもイメージをもたせることができます。

輪の1周の長さが20cmのひもを配付し，次のように指示します。
「この輪を使って面積が最大となる図形をつくってください」

ひもの長さが20cmであることだけ確認します。多くの生徒は長方形をつくり出します。「縦と横の長さの差が少ない方が見た感じ面積が大きそうだ」「長方形ではなく，正方形の方が面積が大きいのでは？」などと予想していきます。周の長さが20cmであることから，「正方形なら1辺が5cmだから25cm²になる」「縦が4cmの長方形は横が6cmだから24cm²」「縦が1cmの長方形は9cm²でずいぶん小さくなる」と具体的に計算して説明する生徒もいるでしょう。そして，頃合いを見て，次の発問をします。

「周の長さが等しければ，どんな長方形よりも，正方形の方が面積が大きくなるのはなぜ？」

何を文字で表すとよいのか困るようであれば，

「正方形の1辺を x cmとしたら，長方形の1辺はどう表したくなる？」

と聞いてみましょう。長方形は縦を長くした分だけ横が短くなっています。

このことに気づくと，正方形の面積 x^2 に対し，長方形の面積は $(x + y)(x - y) = x^2 - y^2$ と表され，y^2 だけ小さいということが示されます。

四角形に限定しなければ円が面積最大の図形です。

「長方形と正方形であれば正方形の方が大きいことが証明できました。正方形よりも面積が大きくなる図形はできないですか？」

と追発問して，さらに探究させましょう。

16

自然数の逆数の
秘密を探ろう

探究ネタ

> 自然数の逆数に規則性があることは，生徒には予想もしない驚きの話題です。規則性を発見し，その規則性が成り立つ理由を解明していく中で，文字式で表すよさが感じられる探究ネタです。

> $\frac{1}{2}$ は $\frac{1}{3} + \frac{1}{6}$ または $\frac{1}{4} + \frac{1}{4}$ と等しいように，自然数の逆数は，2つの自然数の逆数の和で表せます。
> $\frac{1}{3}$ を2つの自然数の逆数の和で表してみましょう。

$\frac{1}{3}$ は $\frac{2}{6}$ の約分であると気づくと，$\frac{1}{6} + \frac{1}{6}$ を導くことができます。また，いろいろと試行錯誤をして，$\frac{1}{4} + \frac{1}{12}$ に気づく生徒がいます。そこで，このように勘で解答を見つけることなく，論理的に導く方法をみんなで考えたいことを伝え，次の文を提示します。

> $\frac{1}{n} = \frac{1}{n + p} + \frac{1}{n + q}$ としたときの，p，q には特徴があるのだろうか。
> 実は，p と q の積を考えてみるとわかります。

$n = 2$ の場合について考えてみます。
・$\frac{1}{2} = \frac{1}{3} + \frac{1}{6}$ の場合
$p = 3 - 2 = 1$，$q = 6 - 2 = 4$ となり，$pq = 4 = 2^2$
・$\frac{1}{2} = \frac{1}{4} + \frac{1}{4}$ の場合
$p = 4 - 2 = 2$，$q = 4 - 2 = 2$ となり，$pq = 4 = 2^2$
つまり，$pq = n^2$ という特徴があるのです。
$\frac{1}{3}$ の場合は，$3^2 = 9$ から，$\frac{1}{3} = \frac{1}{3 + 3} + \frac{1}{3 + 3}$，つまり $\frac{1}{3} = \frac{1}{6} + \frac{1}{6}$，あるいは，$\frac{1}{3} = \frac{1}{3 + 1} + \frac{1}{3 + 9}$ から，$\frac{1}{3} = \frac{1}{4} + \frac{1}{12}$ となります。

式の展開と因数分解

17

どんな形でも
$S = a\ell$ になるの？

　数学の学習において，拡張的な考え方ができることは大切です。予想を膨らませていく楽しさや，文字式を使うことでその予想が正しいかどうかを説明できるすばらしさが実感できる探究ネタです。

　図1のような幅が a，長さが ℓ である道の面積 S は，$S = a\ell$ です。この道路の端と端をくっつけるように，円状に変形させた道路が図2です。この図2の道路についても，$S = a\ell$ と言えるのでしょうか？

図1

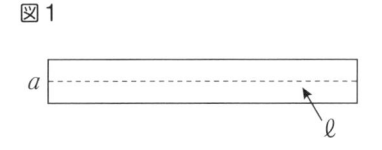

図2

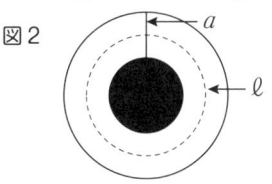

　どのように考えたらよいか困る生徒には，「●の半径を r としたら…」と考えるヒントを出しましょう。全員で図2を解決した後，

「変形する形が円ではなかったら，どうなのだろう？」

と投げかけると，生徒は●の部分を正方形や長方形，三角形に変えたり，隅の部分をおうぎ形にしたりと，様々な状態を考えます。中心が円に限らず $S = a\ell$ が成り立つことに生徒は驚きます。下の右側については，これから学習する三平方の定理を利用すれば解決できることを伝えるとよいでしょう。

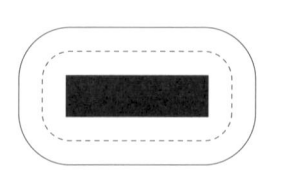
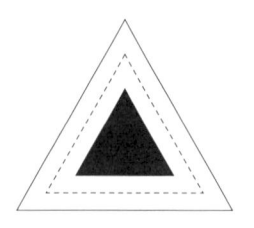

18

素数の約数の和の問題

課題ネタ

難易度★★★

> 一見すると，式の展開や因数分解とは無関係に見えるものの中に，実は因数分解がポイントになるという課題があります。生徒に新たな発見をさせ，式の計算を利用することの大切さを実感させる課題ネタです。

> x, y はどちらも素数で，$x < y$ です。【x】は x の約数の和を表します。【xy】＝36となる x, y を求めなさい。

　最初のポイントは，【x】の意味を理解することです。新たな表現に戸惑う生徒が多いので，**「【2】はどうなるかな？」** と具体的な数で考えさせましょう。「2の約数は1と2だから，【2】＝1＋2＝3と計算すればいいのかな」と，徐々に理解する生徒が出てきます。グループや全体でじっくり共有し，【3】，【5】などを例にしながら，素数の約数は1と自分自身の2つしかないことを想起させ，【x】＝1＋x を導かせます。

　ところが，生徒は【xy】の理解はさらに難しく感じます。そこで，【x】＝1＋x を基に，【xy】を表現してみるよう投げかけます。ここまでくると，【xy】＝$(x+1)(y+1)$ と表現できる生徒は多いと思います。つまり，$(x+1)(y+1)$＝36となる x, y を見つけるとよいことに気づきます。

　あとは素朴に一つひとつ考えていくように指示します。36＝1×36，2×18，3×12，4×9，6×6の組み合わせが成り立ちます。ただし，x, y は素数で，$x < y$ です。題意に合う x, y を順に考えさせると，3×12のみ，つまり，x＝2，y＝11のみとなります。

　確認の意味で，2×18は x＝1，y＝17となり，1は素数でないこと，4×9は x＝3，y＝8となり，8は素数でないことなどを示しておきましょう。

平方根／平方根

19

平方根って何？

説明ネタ

> 根号を含む式の計算はできても，そもそも平方根とは何なのかを尋ねられると答えに窮する生徒は少なくありません。そうならないように，定義を具体例でしっかりと押さえる説明ネタを紹介します。

まずは，教科書で平方根の定義を確認します。

> 2乗するとaになる数を「aの平方根」といいます。

しかし，生徒の立場で考えると，唐突すぎて平方根の意味やそれを学習する意義などはつかめないでしょう。

そのことを踏まえて，まずは，定義にしたがって1から順に平方根を考えさせてみます。まず大切なのが，"定義にしたがって"というところです。

「まず，1の平方根について考えてみたいと思います。2乗すると1になる数を，1の平方根というわけですから，具体的にどんな数でしょう？」

このようにして，1，−1の2つがあることを丁寧に押さえ，生徒を納得させたうえで，次に進みます。

「では，順に考えていこう。2の平方根は？」

ここで生徒は困ります。困るからこそ新しいことを学習する意義があるということを強調しつつ$\sqrt{}$の記号を紹介し，

「aの平方根は，$\sqrt{a}$と$-\sqrt{a}$です」

と説明します。2の平方根が$\sqrt{2}$，$-\sqrt{2}$であることを確認したら，続きは機械的に進めていきます。

「3の平方根は？」「$\sqrt{3}$と$-\sqrt{3}$です」

「4の平方根は？」「$\sqrt{4}$と$-\sqrt{4}$です」…

と展開していく中で，生徒自身に$\sqrt{4}=2$などに気づかせたいものです。

説明ネタ

平方根／平方根

20

平方根の定義に
ついて考えよう

> 平方根の定義を基に，生徒に平方根について理解させるための説明ネタです。平方根を学習したばかりなので，生徒に考えさせながら重点を押さえることが大切です。

> 2乗すると a になる数を「a の平方根」といいます。
> つまり，a の平方根とは，$x^2 = a$ が成り立つ x の値のことです。

まず，教科書等で平方根の定義を説明し，次のように投げかけます。

「隣同士で，これは具体的にどういうことをいっているかを話し合ってみましょう」

「あちこちで『よくわからない』という声が聞こえてきました。それでよいのです。これから学ぶのですから」

などと伝え，生徒を安心させましょう。

「具体的に考えるために，a に数を入れてみます」

と伝え，無作為に何人かを指名して，a の値を発言してもらいます。1，2，3，4，31，100など，はじめは整数値が出されるので，

「他の人は思いつかないだろうという数値を出してくれますか？」

と投げかけると，-5，0，$\frac{1}{3}$ などの値が自然に出てきます。

そこで，改めて平方根の定義に戻って，「2乗すると a になる数を『a の平方根』といいます」に当てはめていくと，生徒から「2乗して -5 になる数はあるのだろうか」「2乗して3になる数なんてあるのだろうか」といった疑問が出てきます。

これらの疑問を大切にすることが重要です。

平方根

21

新しい数に出合ったら
最初に何を考える？

説明ネタ

> 新しい数と出合ったときは，いつも同じ流れで考えていきます。小学校で小数や分数，中学１年で負の数と出合ったとき，まず数の大小を考え，さらに四則計算について考えたことと連動させる説明ネタです。

教科書では平方根の大小関係を最初に考えさせています。このとき次のように問います。

「中学１年で負の数を発見したとき，最初に何を考えた？」

四則計算などをあげる生徒もいるかもしれませんが，最初に大きさ比べをしたことを思い出させます。

新しい数と出合ったときは，まずはその数に大きさがあるのか，そして２数に大小関係があるのかについて考えます。さらに，加法から始めて減法，乗法，除法と，四則計算について可能かどうか，閉じているかどうかを考えます。このように，大きさがあって，はじめて四則計算が可能になるわけです。新しい数を発

> 新しい数の発見
> ①大きさはあるか
> ↓
> ②大小関係はあるか
> ↓
> ③四則計算はできるか
> （加法・減法・乗法・除法）

見したときは，いつも同じ流れで考えていくことができます。このことを生徒にもわかるようにしっかり押さえたいものです。

これは，数学の３つの価値の１つである統合（明らかにした原理，法則，概念または形式について，その適用範囲を広げていくために一般化したり，拡張したりして，例外のない完全な形でまとめること）のよさであるといえます。この考え方は，高校で登場する新しい数「複素数」にもつながっていくことになります。

22

数直線上の数は何？

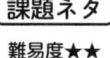
課題ネタ
難易度★★

平方根を数直線上に表すために，正方形の1辺を活用して表現するときがあります。その図を基に，示されている数はどのような数かを考える課題ネタです。

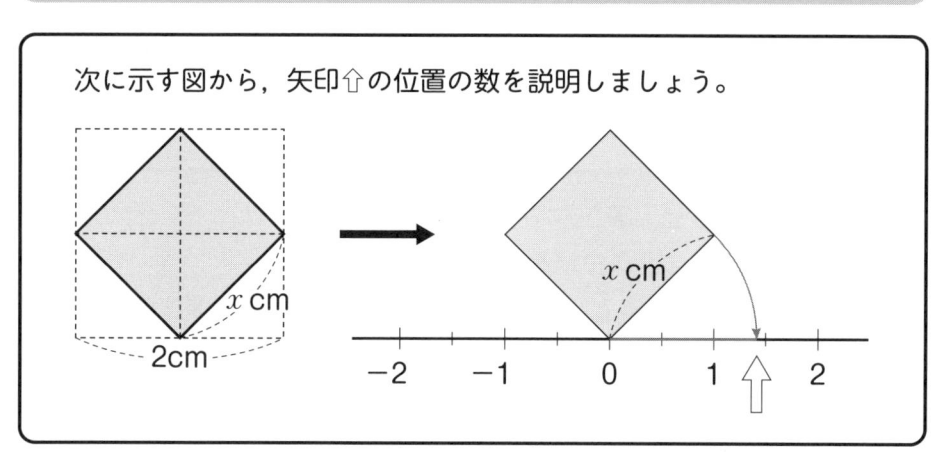

次に示す図から，矢印⇧の位置の数を説明しましょう。

x cm

2cm

x cm

−2　−1　0　1　2

平方根

図から容易に白矢印の位置は，$\sqrt{2}$ であることがわかります。しかし，$\sqrt{2}$ の位置であるということを明確に説明することはなかなかできません。

x cm が $\sqrt{2}$ であることを説明するためには，左図の正方形の内側の面積が，2㎠であることを説明しなければなりません。面積が求められると，正方形の1辺が $\sqrt{2}$ であることが説明でき，右図での矢印の位置を明確に説明できます。

さらに，次のように問うとよいでしょう。

「$\sqrt{3}$ である位置をこのような方法で示すことができますか？」

しっかり考えない生徒は，1辺が3㎝の正方形にすればよいと発言するでしょう。その発言はおもしろい問いにつながります。

23

問題を変えると
解答はどうなるか？

課題ネタ

難易度★★

平方根の問題を少し変えて，平方根ばかりでなく，数の世界の理解を深める課題ネタです。改めて問われると自信をもって答えられないことに気づく生徒も出てきます。

教科書や問題集には，次のような平方根の問題があります。

> $\sqrt{a} < 2$ となる自然数 a をすべて求めましょう。

とりあえず考えさせ，解き方などを発表させます。a は，1，2，3です。そのうえで，次のように投げかけます。

「問題を少し変えてみると，より大切なことがわかってきます。この問題を少し変えてみましょう」

おそらく，「①文字 a を他の文字に変える」「②2を他の数値に変える」「③自然数を他の言葉に変える」の3種類が出されると思います。

①の文字を他の文字に変えることは，問題の本質にはなんら関係ありません。それを伝えながら，確かに文字を変えることはできると認めましょう。

②で，他の数値に変えることによって，a の個数は変化します。とてもよいアイデアであると伝えて，

「では，a の個数が6になる場合があるとしたら，2ではなく，どのような数だろう？」

と問いかけると，問題の本質により迫ることができます。

③の自然数を他の言葉に変えることも，思考を広げます。例えば，整数に変えた場合，すべての数を具体的に示すことができないので，生徒は問題を安易に変えるととんでもないことになると気づくでしょう。

24

平方根を数直線上に
並べよう

> これまで学習してきた数と平方根を結びつける課題です。平方根の近似値を数直線上に表すことで整数と大小を比較でき，平方根の大きさをイメージしやすくなります。

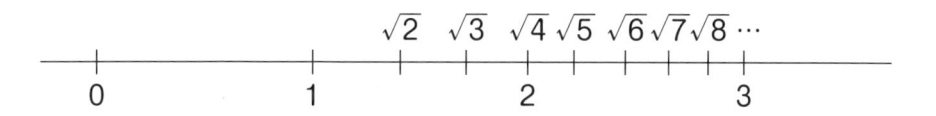

電卓で平方根の近似値を求め，数直線上にプロットさせていきます。生徒は，プロットしていく中で，「整数になる平方根」や「2と3の間にある平方根」など，平方根の大きさをイメージしやすくなります。

上図では数直線が3までしかありませんが，1から25までの正の平方根を数直線上に表すよう指示します。

全員がプロットできたところで，

「整数と整数の間にある平方根の数を数えましょう」

と投げかけます。

1と2の間には2点，2と3の間には4点，3と4の間には6点…と，規則性があることに気づく生徒が出てくるはずです。

その先の10と11の間にはいくつ平方根があるか問いかけると，生徒は先ほどの規則性を使って考えたり，計算で求めたりします。どちらの考えでも，平方根の大小がイメージできるようになっているので，それをしっかりと価値づけましょう。

新しい数が出てきても，数直線というこれまで学習したものに表すと比較することができるということを生徒に実感させたいものです。

25

$\sqrt{2}$ の値を
表計算ソフトで求めよう

教具ネタ

> 平方根の値を求める際に，はさみうちの原理を理解し，それを用いて地道に求める方法は大切です。ただし，原理を理解した後は，電卓の$\sqrt{}$ ボタンやコンピュータを使って時間の短縮を図りたいものです。

| B2 | ▼ | ⋮ | × | ✓ | f_x | =SQRT(A2) |

	A	B	C	D	E
1					
2		2	1.414214		
3					

　表計算ソフト（エクセル）で平方根を求める方法はいくつかありますが，最も一般的なのは「SQRT 関数」でしょう。SQRT は「スクエアルート」と読み，これは与えられた数値の正の平方根を返す関数です。

「スクエアとは何のことだと思いますか？　ある図形を表していますよ」

「正方形のことです。平方根の単元の導入では，正方形の辺の長さの話題から考えましたね」

というように，知識をつなげていくさりげない会話を入れるとよいでしょう。

　操作に慣れさせるためにも，平方根の値をいくつか求めさせるとよいでしょう。手計算で出すにはあまりに時間がかかりますが，エクセルを使えばあっという間に，1 から100までの自然数の正の平方根を求めることができます。その結果を眺めることで，元の値が平方数の場合は結果が自然数になるなどの基本的な事柄の学び直しにもなります。また，一度教えておけば，今後生徒が必要だと感じたときに利用することができます。

26

循環小数を見つけよう

教具ネタ

> 平方根では小数と有理数・無理数の関係について学びます。分数を小数で表現したとき教師が有限小数と無限小数の違いを説明することが多くありましたが，ＩＣＴ活用で生徒に違いに気づかせる教具ネタです。

表計算ソフトで，生徒に思いつくまま自由に分数を入力させます。

	A	B	C
	分子	分母	小数
1			
2	1	3	0.333333333333333
3	4	7	0.571428571428571
4	6	5	1.200000000000000
5	25	19	1.315789473684210

平方根

　分子と分母を思いつくまま入力すると自動的に「分子÷分母」の結果を自動的に小数表示するように設定しておきます（上の画像のＣ列）。

　各自で入力した結果から小数の特徴をあげさせると，わりきれるもの，小数点以下に同じ数が続くもの，あるところで同じ数が出てくるものなどがあることに生徒は気づくことでしょう。

　生徒に循環小数（循環節）のおもしろさを体感させるためには，様々な数での計算を促すことも大切です。実際の授業において，25÷19を計算していたグループがいましたが，循環節が18もあったことにびっくりしていました。そして「なぜこんなに続くのだろう」と自ら追究を始めました。端末が表示した数値が探究心を生み，自ら調べてみようという気持ちが高まったよい授業場面でした。

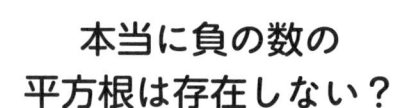

平方根／平方根

27

本当に負の数の
平方根は存在しない？

説明ネタ

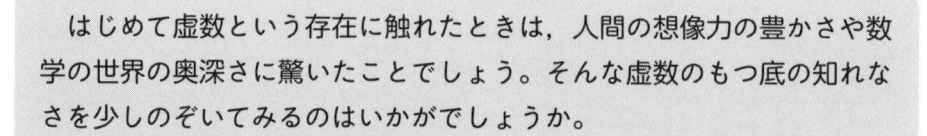

> はじめて虚数という存在に触れたときは，人間の想像力の豊かさや数学の世界の奥深さに驚いたことでしょう。そんな虚数のもつ底の知れなさを少しのぞいてみるのはいかがでしょうか。

　この単元では，平方根の定義を理解したところで，様々な数の平方根を実際に答えさせます。$2 \rightarrow \pm\sqrt{2}$，$3 \rightarrow \pm\sqrt{3}$，$4 \rightarrow \pm 2$，$5 \rightarrow \pm\sqrt{5}$，…と答えさせていく中で，平方根には正の数と負の数があることや，平方数の平方根は根号を使わずに表すことができることなどを確認していきます。

　自然数だけでなく小数や分数についても考え，ある程度確認したところで，
「もうどんな数の平方根でも答えられそうですか？」
と問います。「例外はないか」「一般的にはどうか」と数学的な見方・考え方を働かせる大事な発問です。この発問で，0や負の数にも目を向けさせたいものです。0の平方根は0であって，この場合には正の数と負の数はなく，± 0のようには表記しないことを確認します。

　おもしろいのは負の数の場合です。例えば-1の平方根はいくつになるかを考えさせます。「2乗して負の数になる数はないから，-1の平方根はない」のような説明をさせるべき場面です。「0」と「ない」を混同する生徒がいることに注意して，負の数の平方根が存在しないことを確認します。

　しかし，これはあくまで実数の範囲の話です。
「数学界には，2乗すると-1になる数を考えた偉人がいるのです。それを想像上の数 imaginary number の頭文字をとってiと表します。これまで学習したすべての数は数直線上に存在する数であり実数といいます。なんと，このiは数直線上にないのです。高校で学びますよ」
　このように伝えることも一興です。

28

フラッシュカードで
比較しよう

教具ネタ

根号をふくむ式の計算では，根号の中を簡単にしたり，変形したりすることが必要になります。フラッシュカードを使ってリズムよく練習することで，素早く計算できるようになります。

パワーポイントや Google スライドでフラッシュカードを作成します。下の例のようなフラッシュカードを提示し，根号の中の変形が素早くできるように，様々なパターンで練習しましょう。

テンポよく，声に出して行うことが大切で，以下のような練習方法があげられます。生徒の実態に応じて使い分けましょう。

---

①全体で一斉に　…苦手な生徒もまわりが声を出してくれるので，安心して計算に取り組むことができます。

②列を指名して　…列で前から順番に答えていきます。全体で行うよりも緊張感をもって計算に取り組むことができます。

③１人で５問連続…合格のレベルを示してから１人ずつ行います。合格できると生徒の自信につながります。

$$\sqrt{12} = 2\sqrt{3}$$

$$\sqrt{6} \ \text{と} \ 2\sqrt{2}$$

フラッシュカードの例

平方根

29

$\sqrt{}$ の中を
簡単な数にしよう

説明ネタ

> 　平方根では，$\sqrt{}$ の中を簡単な数にする学習があります。このときに大切なことは，$\sqrt{}$ の中を簡単な数にすることのよさを理解させることです。生徒にそのよさを理解させる説明ネタです。

> 　$\sqrt{252}$，　$2\sqrt{63}$，　$6\sqrt{7}$ を小さい順に並べましょう。

　上の問題は，$\sqrt{}$ の中を簡単な数にする学習の前に扱います。$\sqrt{}$ の形に変形することで，どれも同じ数を表していることに気づくことでしょう。

　一見違う数のように見えても，同じ数を表していることがあることを強調しておきましょう。そして，このような数はこれまでになかったかを問うとよいでしょう。すると，必ず「分数」が出てきます。例えば，$\frac{4}{6}$と$\frac{2}{3}$は同じ値を表していることから，分数は約分をしておかないとミスをすることがあるということを生徒は理解しています。

　平方根の $\sqrt{}$ の中を簡単な数にすることは，この分数の例と同じであることを説明しておくと，単なる計算問題ではないことを認識し，学習する価値を感じると思います。

　そのうえで，$2\sqrt{63}+6\sqrt{7}$ の計算をするように指示します。

$2\sqrt{63}$

$=2\sqrt{3\times3\times7}$

$=6\sqrt{7}$

より，$2\sqrt{63}+6\sqrt{7}=12\sqrt{7}$ となります。$\sqrt{}$ の中が違っていたのでこれ以上簡単にできないと見えていたのが，実は簡単にすることができました。今後は$\sqrt{}$ の中の数を簡単にすることを先に考えるべきだと認識するでしょう。

30

$2\sqrt{2}=\sqrt{\square}$ の $\square$ にあてはまる自然数を考えよう

探究ネタ

　　$2\sqrt{2}$ と $\sqrt{8}$ が等しいと実感できない生徒がいます。乗法の計算法則や方眼用紙にかいた正方形から，同じ値でも複数の表現ができると気づかせるネタです。根号の中の数を簡単にすることにも関連づけられます。

①電卓を使って予想

$\sqrt{2}=1.414\cdots$ だから

$2\sqrt{2}=2.828\cdots$

$2.828\cdots$ になるものを探すと

$\sqrt{3}=1.732\cdots$

$\sqrt{4}=2$

$\sqrt{5}=2.236\cdots$

$\sqrt{6}=2.449\cdots$

$\sqrt{7}=2.645\cdots$

$\sqrt{8}=2.828\cdots$

$2\sqrt{2}=\sqrt{8}$ と言えそうだ。

②両辺を2乗

$\square=(2\sqrt{2})^2$

$\quad=(2\times\sqrt{2})^2$

$\quad=(2\times\sqrt{2})\times(2\times\sqrt{2})$

$\quad=2\times\sqrt{2}\times2\times\sqrt{2}$

$\quad=2\times2\times\sqrt{2}\times\sqrt{2}$

$\quad=4\times(\sqrt{2})^2$

$\quad=4\times2$

$\quad=8$

平方根

③図から考察

　　$2\sqrt{2}=\sqrt{2}\times2$ より，1辺が $2\sqrt{2}$ の正方形は，図の実線の正方形。この正方形の面積は8なので，1辺の長さは $\sqrt{8}$ とも表せる。

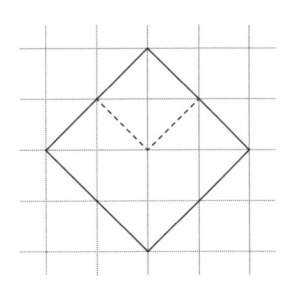

　　複数の考え方から $\square$ にあてはまる自然数を求めるように促します。複数の考え方でたどり着いた解答が一致したと実感することに価値があります。また，左辺の数を $3\sqrt{2}$，$2\sqrt{3}$，$2\sqrt{5}$ のように変えたらどうか考えさせることで，さらに理解が深まるでしょう。

31

どの式の値が
一番大きいか予想しよう

　計算をして式の値の大小を考える前に，式から予想をすることが大切です。そこで「どの式の値が一番大きくなりそうか」と問い，式を見て，式の値の予想をつける探究ネタです。

　$x = \sqrt{3} - \sqrt{2}$，$y = \sqrt{3} + \sqrt{2}$ のとき，次の式の値の大小を予想してから大きい順に並べましょう。

　①$(x + y)^2$ 　　②xy 　　③$x^2 - y^2$

　式に値を代入する前に，式の値の大きい順を予想させましょう。すると当然，②より①の方が式の値は大きいと考えます。①の中に $2xy$ があることに気づけば，迷うことはないでしょう。

　しかし，①と③の大小については迷う生徒が出てきます。式からこうして大小を予想してみることが大切であり，そのうえで実際に確かめてみることが重要だと伝えるとよいでしょう。

　実際に式の値を求めると，①12，②1，③$-4\sqrt{6}$ となり，大小関係（①＞②＞③）は明確になります。そのうえで，

　「改めて，①と③の大小を迷ったけれど，どうだったのだろう？」
と問うと考えが深まります。つまり，x は y より小さい値なので，③の式の値は負の数になることがわかるはずだったのです。さらに，

　「x と y の値を入れ替える（$x = \sqrt{3} + \sqrt{2}$，$y = \sqrt{3} - \sqrt{2}$）と，大小関係は変わるだろうか？」
と投げかけるとおもしろい問題になります。

　これによって③のみ式の値が変わり，$4\sqrt{6}$ となります。これは①の12との大小を考える問題に発展します。

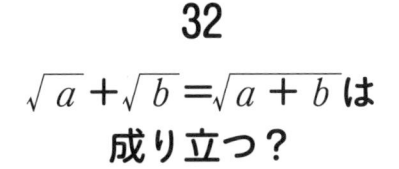

32

$$\sqrt{a} + \sqrt{b} = \sqrt{a+b} は$$
成り立つ？

課題ネタ

難易度★★

> 根号を含む式の計算は，加法でなく乗法から扱うのが一般的です。$\sqrt{a} \times \sqrt{b} = \sqrt{a \times b}$ が成り立つのかどうかを確認し，様々な乗法・除法の計算をします。加法，減法も同じ流れで進めます。

　根号を含む式の計算の乗法を扱う際には，まず $\sqrt{2} \times \sqrt{3}$ の計算結果を予想させます。多くの生徒は $\sqrt{2 \times 3}$ だというでしょう。その感覚の鋭さをほめたうえで，なぜそうなのか，一般的に $\sqrt{a} \times \sqrt{b} = \sqrt{a \times b}$ が成り立つのかを考えていきます。触れたことのない計算に対しても，短時間で，感覚でよいので，予想をさせることで，生徒のやる気は上がります。また，そういった学習態度を育むことも教師の仕事です。

　この流れを汲んだうえで，$\sqrt{2} + \sqrt{3}$ の値はいくつになるかを予想させます。$\sqrt{5}$ と予想する生徒は少なくないでしょう。そこで，どうなるのかを検証する時間を取ります。計算できないという説明が何通りかあげられます。大切なことは「計算できない」という結論ではなく，どんな理由なのかを生徒に説明させることです。ここに時間をかけることで，数学的活動が活発になっていくのです。「$\sqrt{2} = 1.414\cdots$，$\sqrt{3} = 1.732\cdots$，$\sqrt{5} = 2.236\cdots$ だから小数で考えると値が異なる」という平方根の値に注目した説明や，「$\sqrt{4} + \sqrt{9} = 5$ であり，$\sqrt{13}$ にはならない」という特別な場合の平方根に注目した説明や，2乗した値に注目する説明など，バラエティに富んだ説明が生徒から出てくることでしょう。いろいろな生徒に発表させ，その後グループで確認する時間を取るだけで，一気に数学的な見方・考え方は広がります。

　$\sqrt{a} + \sqrt{b} = \sqrt{a+b}$ が成り立たないことを確認した後は「$\sqrt{a} + \sqrt{b}$ は計算できない」と結論づけてよいかを投げかけるのもおもしろいです。$a = b$ や $a = 2$，$b = 8$ など，次に考えさせたいことにつなげられます。

平方根

33

係数が平方根の
連立方程式は解ける？

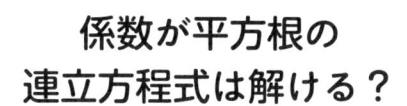
探究ネタ

> 平方根の学習をこれまでの学習とつなげて考える探究ネタです。この場合は，係数に平方根が含まれる連立方程式を考えます。改めて連立方程式を解くための考え方を振り返る機会にもなります。

$$\begin{cases} \sqrt{2}\,x - 2y = 3 & \cdots ① \\ 2x + \sqrt{2}\,y = 3 & \cdots ② \end{cases}$$

　係数に平方根が含まれていることに注目したうえで，まずこの問題を自力で考えさせてみましょう。

　しばらく様子を見たうえで，解けた生徒，解けそうだという生徒を把握して，困っている仲間へのヒントを出させるとよいでしょう。「x か y のどちらかを消すことを考えるとよい」という連立方程式を解くための大原則が提示されるはずです。

　例えば，①の式を $\sqrt{2}$ 倍して，$2x - 2\sqrt{2}\,y = 3\sqrt{2}$ …①′ として，ここから②をひくと，$-3\sqrt{2}\,y = 3\sqrt{2} - 3$ となります。

　したがって，$y = \dfrac{3\sqrt{2} - 3}{-3\sqrt{2}}$

　ここまでが理解できただけで十分と生徒に伝えましょう。実際は分母に平方根がありますから，これを有理化するための作業が必要になってきます。$y = -1 + \dfrac{\sqrt{2}}{2}$ となります。そのうえで，この y を①の式に代入して解きます。$x = 1 + \dfrac{\sqrt{2}}{2}$ となります。

　時間の余裕があれば，「もっとすっきりした解になる，係数に平方根が含まれる連立方程式を考えよう」と投げかけるとよいでしょう。

34

解の表し方と
その意味に注意しよう

> 方程式そのものだけでなく，方程式の解についても生徒は様々な表記の仕方を学んできています。二次方程式の解の表し方を学んだところで，表記の仕方とその意味を改めてしっかり押さえたいところです。

「二次方程式 $x^2 = 25$ の解は，$x = \pm 5$ です。これは，$x = 5$，$x = -5$であることを表していて，それをまとめた表記です。言い換えれば，『5も-5も解であり，解は2つある』ということになります。

　また，$x^2 + 2x - 35 = 0$ の解は，$x = 5$，-7 になります。これは，$x = 5$，$x = -7$ をまとめて表したものです。当たり前のことですが，これもやはり解は2つです。つまり，『5と-7は，それぞれ解である』ことを表しています。

　さて，ここで2年生のときに学習した連立方程式の解について振り返ってみましょう。解を $x = 5$，$y = -7$ あるいは $(x, y) = (5, -7)$ などと表したと思います。同じ記号「，」を用いて解を表していますが，二次方程式とは意味がまったく異なります。連立方程式の方は，『5と-7は，2つペアで解である』ということを表しています。

　細かいことですが，以上のようなことを踏まえると，$x^2 + 2x - 35 = 0$ の解 $x = 5$，-7 を『x は5 "と" -7』と説明するのは正確な表現を用いているとは言えません。本来は『x は5 "または" -7』と言わなければならないのです」

　以上のような例以外にも，$x = \pm\sqrt{3}$ や $x = 3 \pm \sqrt{7}$ のような解の意味も，折に触れて丁寧に押さえたいところです。

35

図を用いて 二次方程式を解こう

探究ネタ

> 図を活用して二次方程式の解が求められることを体験させるネタです。面積で考えるため，負の数は扱いませんが，幾何と代数がつながる興味深い考え方です。

二次方程式 $x^2 + 6x = 16$ を次のように図を示しながら解きます。

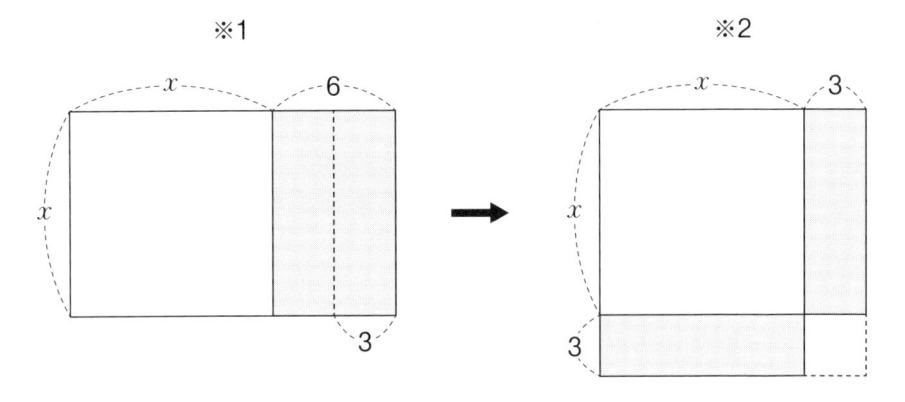

$$x^2 + 6x = 16 \quad (※1)$$
$$(x + 3)^2 - 3^2 = 16 \quad (※2)$$
$$(x + 3)^2 = 16 + 9$$
$$(x + 3)^2 = 25$$
$$x + 3 = 5$$
$$x = 2$$

あまり説明せず，生徒に考えさせることがポイントです。整理できたら，他の数や文字の場合を考えることで，平方完成や平方根の意味について理解するための土壌をつくります。

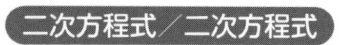

36

解の公式づくりを
自分で選択しよう

> 二次方程式 $ax^2 + bx + c = 0$ における解の求め方は，解の公式とし
> てまとめます。しかし，文字式の変形を難しく感じる生徒が多くいます。
> そこで，次のように選択させるネタです。

まずは，$ax^2 + bx + c = 0$ における解の求め方を知ることで，すべての二
次方程式を解くことができる価値を知らせます。その後，文字式ばかりの変
形になると難しいため，係数を具体的な数で考えてもよいことを伝え，次の
ように2種類の式を並列に板書します。

具体的な数

$3x^2 + 5x + 1 = 0$

両辺を3でわる

$x^2 + \frac{5}{3}x + \frac{1}{3} = 0$

一般式のまま

$ax^2 + bx + c = 0$

両辺を a でわる

$x^2 + \frac{b}{a}x + \frac{c}{a} = 0$

「x^2 の係数を1にしたいから，具体的な数で考えると両辺を3でわること
になるね。一般式でも同じにするには，両辺を a でわることになるね」

このように説明しながら並列して見せます。そしてこの後，

「このまま具体的な数で考えていってもよいですが，力のある人，挑戦し
たい人はぜひ一般式，文字のままで考えていきましょう。ここで，どちらか
選んでください」

このように述べ，どちらで考えたいかを自己選択させます。そして「数の
項を移項する」「左辺を平方の形にする」などの共通したテーマを明示し，
式変形を進めていくとよいでしょう。最後には数で求めた解と解の公式で求
めた解をつなげて，二次方程式の解の公式としてまとめます。

37

解の公式を
協力して覚えよう

説明ネタ

> 一般の二次方程式 $ax^2 + bx + c = 0$ における解の求め方を解の公式としてまとめた後は，それを利用して二次方程式を解きます。解の公式を全員が覚えられるようなちょっとした工夫です。

二次方程式 $ax^2 + bx + c = 0$ の解は，

$$x = \frac{-b \pm \sqrt{b^2 - 4ac}}{2a}$$

一般式を解いていくことでこの形にたどり着くことはできますが，今後活用していくことを考えると，形として覚えておくべきと言えるでしょう。しかし，ただ「覚えておきなさい」とだけ指示するのではなく，ペアやグループの力を使います。

具体的には，ペアやグループで生徒に順番を決めさせます。その後，1番の生徒から解の公式を暗唱させます。そして，ここがポイントですが，他の生徒は，必ず自分の教科書やノートを見ながらその暗唱を聞き，チェックします。どんな細かな違いも逃さず，指摘するように伝えることで，集中して聞き，間違いを直します。あやふやな生徒も，仲間の発言を聞きながらだんだんと確かに覚えていきます。

また，暗唱するだけでなく，書くことも大切です。暗唱が終わったら，改めて何も見ずにノートに書くように指示をします。すると，自信をもって書くことでしょう。そこで改めて互いに見せ合い，どんな細かな違いも逃さず，指摘するようにさせることで，間違いに気づかせます。

具体的には $x = \frac{-b \pm \sqrt{b^2} - 4ac}{2a}$ のような間違いが典型でしょう。分数や根号の範囲を誤って覚えないように，正確に書かせます。

38

二次方程式の解は
いつも2つなの？

課題ネタ

難易度★★

二次方程式に出合い解を求めると，生徒は「解は必ず2つあるの？」「いつもプラスとマイナスになるの？」など素朴な疑問をつぶやきます。こんなつぶやきを全体に広げ，二次方程式の本質に迫るネタです。

はじめて二次方程式を解くと，$x = \pm\sqrt{5}$，$x = \pm 4$ などのように解が2つ存在するということに驚く生徒もいることでしょう。「解は必ず2つあるの？」「いつもプラスとマイナスになるの？」のようなつぶやきは大切にしたいものです。しかし，すぐに扱うには少し難しく，ある程度二次方程式を解くことができるようになった段階で取り扱います。そのために，つぶやきの価値を伝え，振り返りに残させておきます。教師もその振り返りを取っておき，ここぞというタイミングで全体に広げるのです。

式の形を $ax^2 - b = 0$ だけでイメージしていると「二次方程式の解は必ず2つあり，その2つの解の絶対値は等しい」と結論づけたくなりますが，様々な形を学習していくとそうではないことがわかります。このような学びを教師から唐突に提示するのではなく，生徒の振り返りをうまく使い，例えば次のように提示します。

「ある程度二次方程式が解けるようになってきたね。ところで，二次方程式をはじめて解いた日の振り返りにこんなことを書いた人がいます。『二次方程式を解いたら解が2つもあることに驚きました。二次方程式だから解はいつも2つあって，その2つの解の絶対値は等しいのだろうと予想しました』これは，数学的にとてもおもしろい振り返りです。今のみんななら，この振り返りにどう答えますか？」

生徒の対話が広がる様子が目に浮かびます。生徒の意欲が高ければ，「重解」という言葉を教え，それを使ってまとめることもよいでしょう。

二次方程式

$\boxed{\text{二次方程式／二次方程式}}$

39

それぞれの解き方のよさを 知り，使い分けよう

$\boxed{\text{探究ネタ}}$

> 平方根の意味に注目したり，解の公式を用いたり，因数分解を利用したりと，様々な方法で二次方程式を解く方法を学びます。単元を終える前に，それぞれのよさを知り，使い分けができるように振り返ります。

$(x-2)^2=9$ を解く際，左辺を展開して $x^2-4x+5=0$ と整理した後に，因数分解を使う(解き方①)生徒も少なくないと予想できます。その方法でも解を求められることを認めたうえで，平方根の意味に基づいて解く方が効率のよい解き方であることにも気づかせます(解き方②)。

解き方①

$(x-2)^2=9$

$x^2-4x-5=0$

$(x-5)(x+1)=0$

解き方②

$(x-2)^2=9$

$x-2=\pm3$

他にもいくつかの問題を取り上げ，いろいろな方法で解かせる中で，

・どの方法を使っても，解は同じになる

・解の公式を使えば，どんな二次方程式も解けるが，手間がかかる

・因数分解を利用する解き方は便利だが，適用できない場合がある

などの気づきを発表させます。考えた内容を整理し，それぞれの解き方のよさに触れた後は，いくつかの問題を提示して，

「あなたならどんな解き方で解く？」

と問うのもよいでしょう。「○○に注目して，因数分解を使おうと思った」「○○の形をしているから平方根を取った」など，その根拠を言わせることで，数学的なセンスを磨いていくのです。

40

多角形の対角線の本数の法則に迫ろう

課題ネタ

難易度★★

> 二次方程式の利用では，二次方程式が様々な場面で活用でき，その便利さについて知ります。図形領域でも二次方程式が利用できることを体験できる，とっつきやすいネタです。

　ノートに四角形をかかせ，その四角形の対角線をすべて引くように指示します。イメージがわかない生徒のことも考え，黒板に図示しながら丁寧に行います。四角形の対角線は２本であることがわかります。それぞれのノートにかかせたのは，暗に任意の四角形ということを示すためです。

　次に五角形をかかせ，同じように対角線をすべて引くように指示します。生徒はいろいろな方法で考えながら，対角線の本数は５本であることを見つけます。ここでは「順番に」「左回りに」「隣には引けないので」「AC と CA は同じなので」のように，数え方にひと工夫している生徒を指名し，その発言を価値づけるとよいでしょう。そして，

「次にどんなことをしたくなりますか？」

と尋ね，「n 角形の場合を求めたい」「何か法則はあるのか考えたい」といった声を引き出します。生徒の言葉を拾って「多角形の対角線の本数の法則に迫れ」のように課題の設定をします。生徒の探究心に火が着いているため，どんどん思考が進んでいくでしょう。

　全体の場ではわからないことを取り上げ，五角形のときに共有した工夫に戻すとよいでしょう。すると n 角形の対角線は $\dfrac{n(n-3)}{2}$ 本であることがわかります。これを n についての二次式と見れば，任意の多角形の対角線の本数を求められますし，対角線の本数がわかっていれば，二次方程式を解くことで何角形かを求めることができます。

41

対角線の本数から
何角形か考えよう

探究ネタ

> 　図形の規則性に着目して考える課題です。実際に図をかくことで，苦手な生徒でも取り組むことができます。また，規則性を見抜いて方程式を利用することのすばらしさを実感できるネタです。

> 　右図のように，四角形には対角線を2本引くことができます。対角線を9本引くことができる多角形はあるでしょうか。

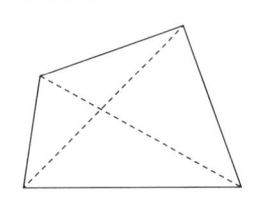

　この課題を提示すると，多くの生徒がすぐに五角形をかいて対角線を数え出します。対角線が5本であることを確認し，六角形で同じように確かめるはずです。実際に図をかくことで，対角線が9本の多角形は六角形であると確かめることでしょう。そこで，次の発問をします。

「では，対角線を10倍の90本引くことができる多角形はあるかな?」

　この問いには，図をかくことは困難だと多くの生徒が感じます。そこで多角形の対角線の本数の規則性を探ろうとします。困る生徒が多い場合，まず1つの頂点から引ける対角線の本数に注目させます。「四角形だと1本，五角形だと2本，六角形だと3本。ということは，n 角形は…」と規則性に気づくはずです。「$n-3$ 本の対角線を引ける頂点が n 個あるから $n(n-3)$。これでは1本の対角線を2回数えている…」と1つずつ気づいていく楽しさを味わわせたいものです。$\frac{n(n-3)}{2}=90$ を満たす自然数 n があるかどうかということにたどり着くでしょう。右辺の数を変えることで，対角線がその本数になる多角形が存在するかどうかも確認できるわけです。

42

動点のイメージを
つかもう

説明ネタ

> 　二次方程式の利用では，動点の問題がよく扱われます。長方形の辺上などを点が動いていくだけですが，連続的な変化を捉えるのは意外に難しいものです。ペア活動や動画で変化の様子をうまくつかませます。

　たとえば，次のような問題を考えます。二次方程式の利用でよくある，２つの点 P，Q が長方形の辺上を動く問題です。

　AB ＝10㎝，BC ＝20㎝，点 P は辺 AB 上を毎秒１㎝の速さで A から B まで動き，点 Q は，辺 BC 上を毎秒２㎝の速さで B から C まで動きます。△ PBQ の面積が50㎠になるのは何秒後ですか。

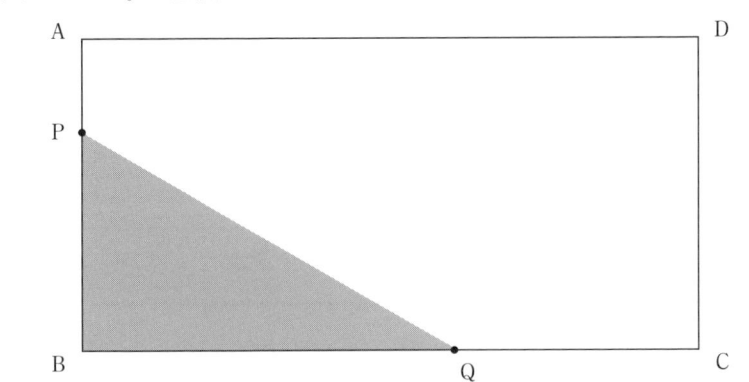

　このときに，ペアになって点 P と Q の位置に指を置かせ，教師が時間を示して確認させることが効果的です。教科書の静止した図ではわからない生徒もいます。その活動の後に，デジタル教科書やタブレットをうまく活用し，動画でなめらかな動きを見せることで，理解はぐっと深まります。

二次方程式

43
点が動いてできる図形の 様子を捉えよう

> 　動点の問題は，点が動いたときにどんな図形ができるかをイメージできず，苦手とする生徒が多くいます。作図ツールを使って動的に示し，図形のイメージをつかませることで，問題を解きやすくなります。

　1辺6㎝の正方形 ABCD の周上を，点 P が毎秒1㎝の速さで A を出発して B まで移動し，点 Q が毎秒1㎝の速さで D を出発して A まで移動します。△ APQ の面積が3㎠になるのは点 P と点 Q が同時に出発してから何秒後ですか。

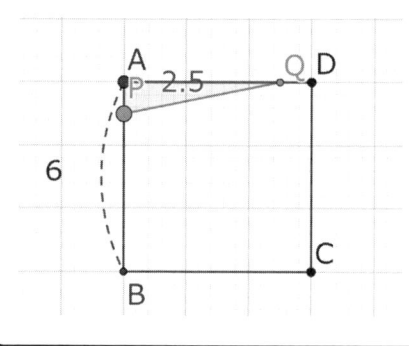
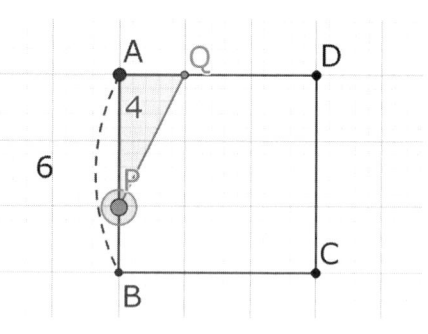

　上の2つの図は，数学ソフトウェアの GeoGebra によるアニメーションです。教師が全体に一斉に見せたり，リンクを生徒に送って個別に見せたりすることが可能です。問題文だけではイメージがもてない生徒も，2つの点が動いたときにできる図形が一目瞭然でわかります。

　x 秒後の面積を y ㎠とすると，関数 $y = ax^2$ にも利用できます。面積の変化をグラフで表すとどうなるかを生徒に予想させるのも有効です。グラフを表示する機能もあるので，予想の確認にも使うことができます。

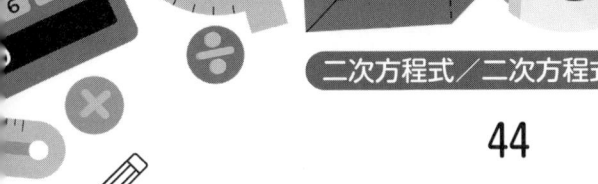

44

その解は問題に
合っている？

課題ネタ

難易度★

　二次方程式の文章題では，方程式を解いて得られた解が問題に合っているかを確認することが必須です。その習慣を生徒自身につけさせるための課題ネタです。

　右図のような縦の長さが15m，横の長さが20mの長方形の土地に，同じ幅の通路が2本ある花壇をつくります。花壇の部分の面積が150m^{2}になるようにするには，通路の幅を何mにすればよいですか。

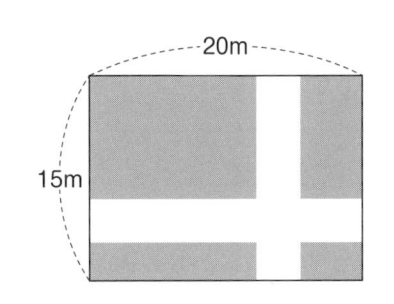

二次方程式

生徒と一緒にどんな方程式ができるかを考え，解いていきます。

$$(15-x)(20-x)=150$$
$$x^2-35x+150=0$$
$$(x-5)(x-30)=0$$
$$x=5，30$$ 　　　　よって，答えは5mまたは30m

　解がどちらも正の整数なので，どちらも正しい答えだと思う生徒が多くいます。しかし，教師がそれを指摘するのではなく，まずは生徒から「それではおかしい」という声が出ることを待ちます。さらに，そういった声が出ない場合は，問題の図に立ち返ることだけ教師から促し，30mの道幅は取れないことに生徒自身に気づかせます。

　このように，方程式を解いた後は，解が問題に合っているかどうか確認することを，生徒自身に習慣づけさせていくことが大切です。

45

ディオファントスの
考え方を読み解こう

探究ネタ

二次方程式の利用の場面に限らず，生徒は解くことや答えを出すことのみに注目しがちです。何を文字でおくのか，どんな方程式をつくるのかという工夫にも目を向けさせたいところです。

周の長さが104cm，面積が576cm²である長方形の縦と横の長さを求めましょう。

この問題では，縦の長さを x cmとおいて，$x(52-x)=576$という方程式を立てて解くことが一般的です。これについて確認した後，

「古代ギリシャの数学者ディオファントスは次のように解きました」

と言いながら，方程式$(26+x)(26-x)=576$を紹介し，この式が何を表しているのか，また，この考え方のよさを考えさせます。

縦と横が等しく，26cmずつであるとすると，面積は676になるので，縦と横は等しくありません。つまり，どちらか一方は26より大きく，もう一方は26より小さいので，大きい方を$26+x$，小さい方を$26-x$とおいています。ここでは探究ネタとしていますが，教師が紹介しなければなかなかこの発想にはたどり着けないので，説明ネタとして扱ってもよいでしょう。

数学者ディオファントスの墓石には「ディオファントスの人生は，$\frac{1}{6}$が少年期，$\frac{1}{12}$が青年期であり，その後に人生の$\frac{1}{7}$が経って結婚し，結婚して5年で子どもを授かった。しかし，その子はディオファントスの一生の半分しか生きずにこの世を去った。自分の子を失ってからは数学に没頭し，4年後にディオファントスも亡くなった」と書かれています。一次方程式で解ける問題ではありますが，これを紹介するのも一興です。

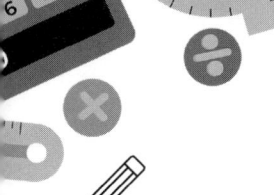
46

二次方程式を利用して
線分の長さを求めよう

課題ネタ

難易度★★

> 　二次方程式を具体的な図形の場面で活用できるようになるための課題ネタです。二次方程式を解くと解が２つ導かれますが，いずれも問題の答えとして適切であることを確認することも大切なポイントです。

　右図のように，１辺の長さが20の正方形 ABCD があります。この正方形の辺上に４点 E，F，G，H を AE ＝ BF ＝ CG ＝ DH となるように取ります。

　このとき，四角形 EFGH の面積を250にするには，AE の長さをいくつにすればよいか求めなさい。

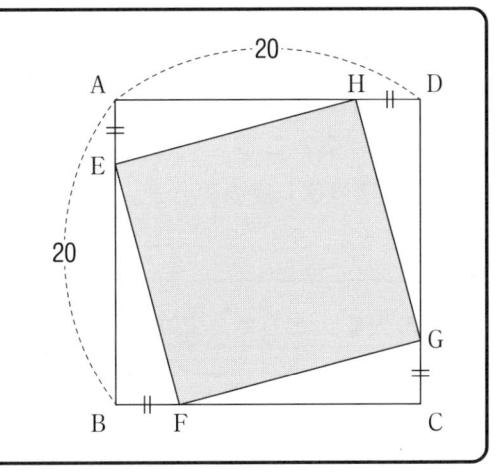

・四角形 EFGH は辺の長さがわからないので，直接面積を求めることは難しそう。

・４つの三角形が合同である。

・正方形から４つの三角形の面積を取り除けば求められる。

　このようなポイントに気づくまで，たっぷり時間を取ります。

　AE の長さを x とおき，二次方程式 $20^2 - \dfrac{1}{2} x(20 - x) \times 4 = 250$ をつくって解くと，$x = 5$，15という２つの解が求められます。どちらも条件に当てはまるというところまで確認させます。

47

様々な解き方で
カレンダーの問題を楽しもう

課題ネタ

難易度★★

二次方程式の利用問題として，カレンダーが登場することがありますが，二次方程式以外の方法で解くことができる場合があります。そこで，いろいろな解き方を楽しむ課題ネタです。

右はある月のカレンダーです。
同じ曜日の上下の数の積が144となっているところをいろいろな解き方で求めましょう。

日	月	火	水	木	金	土
	1	2	3	4	5	6
7	8	9	10	11	12	13
14	15	16	17	18	19	20
21	22	23	24	25	26	27
28	29	30	31			

「上の数を x として，二次方程式を使って求めましょう」
と指示します。

$x(x+7)=144$　　$(x-9)(x+16)=0$　　$x=9$，-16

題意より，9日と16日

解答が明確になると，生徒は安心して様々な解き方を考えます。自分の考えの正誤がわかるからです。例えば，144を素因数分解する生徒が出てくるでしょう。$144＝2×2×2×2×3×3$ から，カレンダーの中の組み合わせを考えます。仮に $2×2×2$ と $2×3×3$ とすると，8と18となり，積は144となります。しかし，カレンダーで上下の数にはなっていません。

積の一の位が4になる場合（（4と11）（9と16）（14と21）（19と26）（24と31））をチェックする生徒がいるかもしれません。カレンダーに丸印をつけてみると規則的に並んでいるので，不思議に思うかもしれません。

このように様々な方法を試すと，二次方程式のよさをより実感します。

48
伴って変わる数量を
見つけよう

説明ネタ

> 　関数 $y=ax^2$ の導入では，多くの教科書でボールを転がす実験を取り上げていますが，これまでの関数の指導を踏まえて，伴って変わる数量を生徒に見つけさせながら進める説明ネタです。

　まずは動画や教科書の写真等で，ボールが転がる様子を見せ，
「時間の経過に伴って変わるものがあるでしょうか?」
と，生徒に尋ねます。ボールが転がる距離，ボールの地面からの高さ，ボールのスピード，ボールの回転数…などが出てくるでしょう。伴って変わる数量を見つけることは関数の学習の第一歩です。気づいたことをどれも称賛したいものです。
　次に，変わり方について尋ねます。
　例えば，ボールが転がる距離については，
「時間が経つにつれて，距離はどうなりますか?」
と問うと，「増える」「だんだん増える」といった考えを述べる生徒が出てくるでしょう。実生活においては，変わり方を詳しく知る必要はなく，この程度の把握で十分な場合も多々あるので，そうしたことにも触れておきます。
　そのうえで，
「増え方も様々ですが，この場合はどうでしょうか?」
と尋ねると，生徒はなんとか伝えようと言葉を重ねるはずです。
　さらに，
「変わり方をとらえる方法にはどんなものがありましたか?」
と尋ねることで，表・式・グラフのよさについても，改めて気づかせたいところです。

49
既習の関数と
比較しよう

説明ネタ

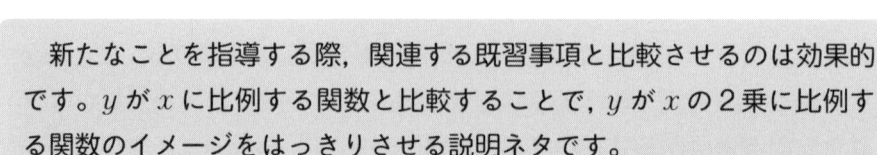

　新たなことを指導する際，関連する既習事項と比較させるのは効果的です。y が x に比例する関数と比較することで，y が x の2乗に比例する関数のイメージをはっきりさせる説明ネタです。

　「新しい関数を学習したので，これまでに学習した関連事項と比較しておきましょう。y が x の2乗に比例する関数と y が x に比例する関数を比較します。どこが違うでしょうか？」

と，発問します。答え方は様々でしょうが，「2乗があるかないか」が違うという点に集約されていきます。このようにして，2乗の有無が両者に違いを生み出していることに触れます。

　次に，以下のように投げかけます。

　「『2乗』という言葉を聞いて思い出す，数学に関連する言葉をあげてください」

　ここでは，「面積」「平方メートル（m^2）」など，様々な言葉が出てくるはずです。それらを通して，生徒の頭の中に，2乗の平面的な広がりをイメージさせたいわけです。ちなみに，仮に3乗に比例する関数を考えるとすると，立体的な広がりになるのではないか…と想像できる生徒を育てたいものです。教師のちょっとした投げかけ1つで，教科書には書かれていない数学の世界を生徒に味わわせることができます。

　以上を踏まえて，表で両者の違いを確認するとよいでしょう。（比例定数を定めておく必要はありますが）関数 $y = ax^2$ の y の増え方は，平面的に広がっていくものであるということが実感できるでしょう。

　また，このことが，グラフに表したとき放物線という曲線を生み出していることにつなげておきたいところです。

50

教具ネタ

ジェットコースターから x^2 をイメージしよう

$y=3x$ も $y=3x^2$ も，x の値が増加すると y の値が増加することは同じです。しかし，変化の仕方には違いがあり，そこに注目させたいものです。生徒にその違いのイメージをつかませるためのネタです。

関数 $y=ax^2$

多くの生徒が一度は乗ったことがあるジェットコースターの動画を見せます。素直なもので，生徒は映像だけでも盛り上がります。そこで，ジェットコースターの速さはどのように変化したかを問い，「上りは一定の速さだった」「下りはだんだん速くなっていった」のような発言を引き出します。

下りに注目させながら，これまで学んできた比例や一次関数とは違うということを実感させ，これからの学習に関心をもたせます。

「『だんだん』というのはどういうこと？」

と問い返したり，次項「玉の位置を予想しよう」の流れにつなげたりするとよいでしょう。

51

玉の位置を予想しよう

課題ネタ

難易度★

> 自転車で坂を下ったとき，ジェットコースターに乗ったときなど，生徒が一度は体験したことのある事象を想起させながら，単元の学習に関心をもたせる課題ネタです。

前項「ジェットコースターから x^2 をイメージしよう」とあわせて，関数 $y = ax^2$ の導入でおすすめのネタです。課題は非常にシンプルです。次のような斜面と玉の絵をノートにかかせます。

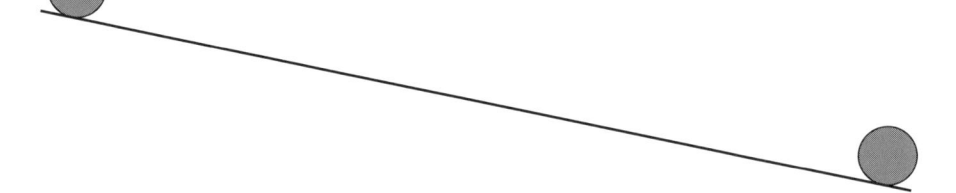

　「斜面を転がる玉をかきました。斜面の上にある玉を今から転がしたとします。そして，3秒後に右下の位置まで転がってきたとします。では，1秒後，2秒後には玉はどのあたりにあったか，ノートにかいてみましょう」

　このように指示します。ノートにかかせるのは，全員を土俵に乗せるためであり，机間指導をしながら全体の様子を把握します。0，1，2，3秒後の玉の位置を等間隔に並べる生徒が少なくありません。黒板にかかせたり，情報端末を用いたりすることで，生徒同士のノートを共有します。すると，微妙な違いがあることに気づき，生徒は考え始めます。

　どんなことを意識してかいたのかを尋ねることで，生徒は改めて考えます。自転車で坂を下った経験などが語られると，生徒の納得感が生まれるでしょう。また，必要に応じてジェットコースターの動画を見せます。

52

比例定数を変えると グラフはどう変わる？

> 関数 $y=ax^2$ のグラフは，比例，反比例，一次関数などの既習の関数のグラフ同様に，a の値の正負により概形が大きく変わります。それをグラフツールで確認します。

関数 $y=ax^2$ のグラフの特徴を捉えるために，まずはいくつか具体的なグラフを表を基にかきます。基本に忠実に，点を1つずつプロットしていきます。具体的には，$y=x^2$，$y=2x^2$，$y=-x^2$，$y=-2x^2$ のグラフをかかせるとよいでしょう。複雑でなく，特徴を捉えやすいためです。「原点を通る」「y 軸を対象の軸として線対称である」「放物線になる」などの基本的な特徴を見つけさせます。

さらにグラフをかかせたいところですが，ここは GeoGebra などのグラフ描画ツールの出番です。1人1台情報端末を活用して，それぞれで比例定数を決めてグラフをかく時間にします。生徒があげた基本的な特徴の確認をすることができます。また，全般的な特徴でなく，比例定数の値によってどのような違いがあるかにも注目させます。まとめる観点としては，比例定数の符号や絶対値の大小による違いが考えられます。端末でグラフをかかせることで，$y=100x^2$，$y=-\dfrac{1}{300}x^2$ などの，極端な比例定数を出す生徒も出てくるでしょう。生徒がこのような極端な場合を考えた場合は，学級全体の理解度を高めるチャンスです。意図的に指名して活用しましょう。

「比例定数の値が大きいほど，グラフの開き方が小さくなる」のような誤答があれば取り上げ，絶対値という観点に気づかせます。グラフを何本かかいた経験から，それぞれの特徴がなぜそうなるのかを考えやすくなり，実感をともなって理解させることができます。

53

グラフを瞬時にかこう

課題ネタ

難易度★

> 　関数 $y=ax^2$ の終了時には，式を見ればおおよそのグラフをすぐに
> かけるようにしておきたいものです。これまでに学習してきた関数のグ
> ラフもふくめ，グラフをかく力を高める課題ネタです。

　次のように課題を提示します。

「小学校から学習してきた関数のグラフを振り返ります。ノートに x 軸と y 軸をかきなさい。目盛りをとる必要はありません。これから先生が式を黒板に書きますので，その式のグラフをフリーハンドでかき込んでください」

　活動に入る前に，黒板にも同様に x 軸，y 軸をかき，$y=x$ などのわかりやすい式で模範を示すとよいでしょう。

　グラフの正誤の判定ポイントとしては，以下の４点を示します。

①グラフの形状（直線，双曲線，放物線）

②原点通過の有無

③ x 軸や y 軸を横切る点

④直線＝右上がり，右下がり，曲線＝上に開く，下に開く

（グラフの傾きや開き具合で比例定数をある程度意識しているかも注意）

　活動にあたっては，１人でかかせると曖昧な状態で進んでしまうので，ペアをつくり，お互いのグラフの確認をさせるようにします。

　式は，比例，反比例，一次関数，$y=ax^2$ をランダムにどんどん提示していきます。判定がしにくい微妙な比例定数の式を示すのは避けた方がよいでしょう。

　式を提示しながら，生徒の活動の様子もつかみ，

「目標は瞬時にかけることです！」

などの声かけで意欲を喚起し，活動を盛り上げたいものです。

54

グラフのどこが
おかしい？

課題ネタ

難易度★

> 　関数 $y = ax^2$ のグラフをかくのは慣れるまでは難しいことです。滑らかな放物線をかくには訓練が必要です。しかし，闇雲にかかせるのではなく，意識すべきポイントを言語化させたいものです。

　関数 $y = ax^2$ のグラフはいくつかかかせることでその技術を磨きます。そのために，意識すべきポイントを言語化させたいものですが，ただ教師や教科書の模範を見せて「ポイントは何だと思う？」と発問しても，生徒は答えにくいでしょう。そこで，うまく生徒の発言を引き出すために，次のような関数 $y = ax^2$ のグラフでよくある間違いを示します。

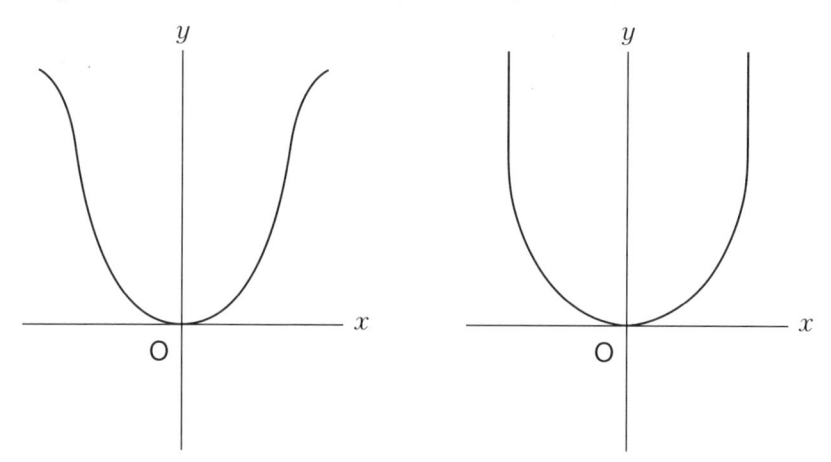

　「滑らかではあるけれど，反っていくのはおかしい」「y 軸に平行になっているのが変だ」のようにつぶやく生徒の姿が期待されます。必要に応じて「比例定数の値によってはこういうこともあるのではないか」とゆさぶり，対話を通して正しい関数 $y = ax^2$ のグラフの概形を理解させます。見る目を養った後に，教科書の模範を改めて見せるとよいでしょう。

55

説明ネタ

変域の関係に
注目しよう

関数 $y=ax^2$ の指導の難所の１つが変域（定義域と値域）です。定義域と値域を関連づけて捉えられるようにするための，操作活動を取り入れた説明ネタです。

関数 $y=\dfrac{1}{4}x^2$ について x の変域（定義域）が $-4 \leqq x \leqq 2$ のときの y の変域を求めましょう。

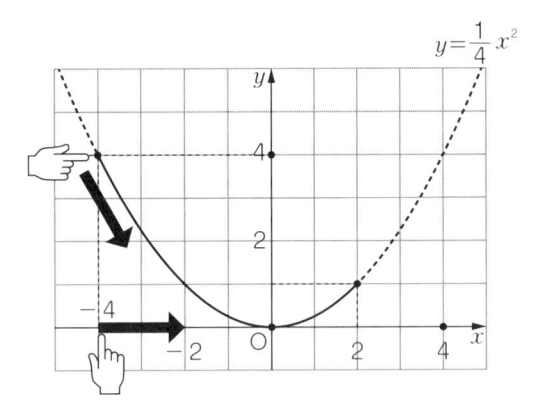

問題を提示した後，図のように，x 軸上の -4 のところに教師が指を置き，指名した生徒にこのとき $(x=-4)$ の y の値の位置に指を置かせます。

次に，教師は x 軸上に置いた指をゆっくり右へ（＋の方向）に動かします。それに合わせて，生徒に y の値を指を動かしながら示すように指示するのです。生徒の指は4から右下（原点の方向）に動き，x が0のときに重なり，さらに教師の指が右に動くと，今度は右上方向に動いていくことになります。

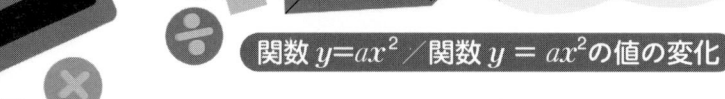

関数 $y=ax^2$／関数 $y = ax^2$ の値の変化

56
変化の割合の法則に迫ろう

探究ネタ

> ただ公式を覚えて当てはめていけばよいという考え方は避けたいですが，一方で公式は大変便利なものです。いくつかの事象から予想し，文字で確認し，公式を導くという思考の流れを大切にしましょう。

これまでに学習した一次関数の変化の様子や変化の割合を振り返ります。形式的なことにとどまらず，変化の割合の定義やその意味を確認し，一次関数では変化の割合が区間にかかわらず一定であることを押さえます。すると，関数 $y = ax^2$ の変化の割合が区間によって異なる場合があることや，グラフとの関係が引き立ちます。

以上の内容を指導した後に，実際にいくつかの関数 $y = ax^2$ の変化の割合を求める時間にします。

例えば，次のようなものです。

関数 $y = 2x^2$ について，x の値が $1 \rightarrow 5$　$-5 \rightarrow -1$

関数 $y = 3x^2$ について，x の値が $2 \rightarrow 4$　$-3 \rightarrow 2$

グラフと関連させながら，どんな場合でも変化の割合が求められそうだと確認にしたところで何か気がついたことはないかを問います。関数 $y = ax^2$ で，x の値が $p \rightarrow q$ と増加するときの変化の割合が $a(p + q)$ という簡単な式になるということに迫るための発問です。予想が立てられた場合は「その予想は本当か」と検証をしていけばよいし，見当もつかない場合には，関数 $y = 3x^2$ について，x の値が $0.97 \rightarrow 1.03$ などの少し複雑がゆえに答えを求めると法則に気がつきやすい例を取り上げるとよいでしょう。

文字でおくことで，$a(p + q)$ にたどり着いたところで，公式の便利さを感じさせるとともに，この公式を導いた過程を振り返って価値づけます。覚えておくかどうかは自分で決めればよいことを伝えておきます。

関数 $y=ax^2$

57
なぜ「二次関数」と
呼ばないの？

探究ネタ

> 多くの教科書では，2年の単元では「一次関数」としているのに，3年では「二次関数」とせず，「関数 $y=ax^2$」としています。「二次式だから二次関数でよいのでは？」という素朴な疑問を扱います。

関数 $y=ax^2$ の学習が進み，きりのよいところで生徒に問いかけます。

「ところで，今学習している単元の名前は『二次関数』と呼んではいけないの？ なぜ教科書は回りくどく『関数 $y=ax^2$』と表記しているのだろう？ 2年では『関数 $y=ax+b$』ではなく『一次関数』とすっきりしていたのに」

もちろんこれは，一般的な二次関数の形 $y=ax^2+bx+c$ を網羅しておらず，二次関数の一部である $y=ax^2$ という形しか取り扱わないためです。このことについて教師が説明してしまうのではなく，必要に応じて「一次関数」「一般式」などのキーワードを与えて，対話の時間を取ると，気づく生徒が現れます。

そこで，「二次関数について考えたい」という意見が出れば，その意欲を大いに認め，探究の時間を確保しましょう。ただ，一般的な話をすべて網羅する必要はなく，$y=x^2$ と $y=x^2+1$ や $y=(x-1)^2$ をそれぞれ式，表，グラフで比較することで十分です。それぞれ x 軸や y 軸方向にグラフが動くという感覚を身につければ，あとは具体的な数値ではなく，文字の場合を考えたり，これらを組み合わせて $y=(x-1)^2+1$ の場合を考えたり，$y=ax^2+bx+c$ であれば平方完成をすればよいということを理解できればよいのです。

$y=ax^2+bx+c$ については高校で学習することを伝え，疑問をもって探究できたことに意義があるということを伝えましょう。

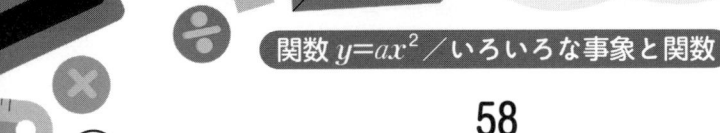

58

「関数」の定義を
振り返ろう

説明ネタ

> 関数の定義は1年で学習していますが，義務教育の総まとめとして，いろいろな関数について学習します。だからこそ，これまで学習した比例や反比例などの具体的な関数はもちろん，定義から復習します。

　比例の関係 $y=ax$，反比例の関係 $y=\dfrac{a}{x}$，一次関数 $y=ax+b$，そして本単元では $y=ax^2$ など，これまでにいろいろな関数を学んできています。単元の最後には1つの式に表すことができない関数や，変化の様子が一定ではない関数に触れ，関数についての見方を今まで以上に広げるのが一般的です。

　例えば，右のような，グラフが連続でない関数を考えます。これはいわゆるガウス記号を使った関数 $y=[x]$ です。生徒はこのグラフを見ると「こんなグラフもあるんだ」「どういう意味だろう」と驚きます。しかし，実際の生活場面で考えてみると，カラオケルームの料金など，生徒になじみのある例も少なくないことがわかります。

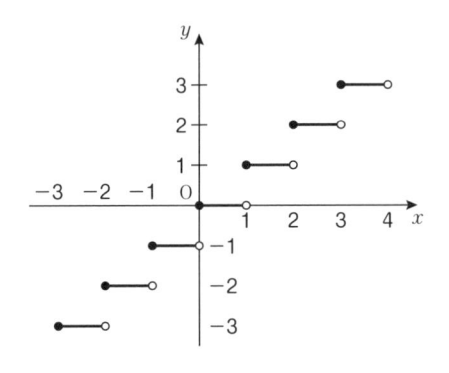

　このような実感を得られたところで，改めてデジタル教科書などを使い，1年で学習した関数の定義を振り返ります。すると，「x の値を決めると，それに対応して y の値がただ1つに決まる」という，既習である関数の定義について，いろいろな関数を学習した経験を踏まえながら語り合うことができます。学び直しのよい機会と言えるでしょう。

関数 $y=ax^2$

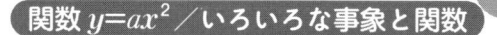

59

身の回りの放物線に
目を向けてみよう

説明ネタ

> 関数 $y=ax^2$ が身の回りのどんなことに使われているのかという例を取り上げます。自由落下や斜方投射などの物理学のイメージだけでもよいのですが，新たな性質を知らせ，興味を高めるネタです。

関数 $y=ax^2$ でよく取り上げられるのがパラボラアンテナです。「パラボラ」というのが放物線を意味するということを伝えるだけでも生徒の興味は高まります。放物線には「焦点」があり，x 軸に対して平行に進んできた音を受けると，放物線で反射して，すべて一点に音を集めることができるの

です。このおわんのような形は放物線を，y 軸を中心に回転移動してできる立体として捉えることができます。インターネット上には，このような原理を説明しているページはいくつかあります。すべては理解できなくとも，放物線の利用例として紹介するとよいでしょう。

名古屋市科学館には「パラボラ集音器」があります。展示室の壁に向かい合うように，大きなおわんのような集音器が展示がされています。パラボラ集音器に向かって話をすると，小さな声でも反対側によく届きます。音が拡散しないよう反射させることができるからです。こういった地域の展示施設やサイトを紹介することも有効です。

【参考サイト】
・名古屋市科学館展示ガイド「パラボラ」
　http://www.ncsm.city.nagoya.jp/cgi-bin/visit/exhibition_guide/exhibit.cgi?id=S213

60
円錐曲線と
呼ばれる理由は？

> 中学校数学の内容ではありませんが，「円錐曲線」と呼ばれる曲線があります。円錐面を任意の平面で切断したときの断面として得られる曲線の総称です。生徒の関心を広げるための話題的な課題ネタです。

1年「空間図形」で学習した円錐の立体模型を見せながら，

「この立体のどこかに放物線があります。みんなには見えますか？」

と尋ねます。ぱっと見にはそれらしいものが見当たらないため，生徒はじっくり考え始めるでしょう。

見つけられない場合には，

「円を見つけることはできますか？」

と補助発問をします。底面にもありますが，底面と平行な平面で立体を切ったときの断面に円が現れることを確認するのです。

「立体を切断する」という視点を与えれば，だんだんと放物線に近づいていくことでしょう。

円錐面をいろいろな平面で切断したときの断面として得られる曲線のことを「円錐曲線」ということを紹介し，その1つが放物線であることを知らせます。

楕円や放物線と双曲線との違いなどの扱いにくい部分もあるので，深入りは禁物ですが，時にはこういった内容を弾力的に扱ってみるというのもよいでしょう。

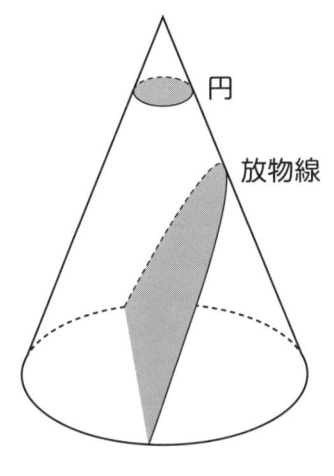

円

放物線

61

これまでに学んだ関数を
レポートにまとめよう

探究ネタ

> 　関数の学習のまとめとして，これまでに学習した比例・反比例や，一次関数，関数 $y=ax^2$ などを使って，身近な事象に関するレポートをつくる探究ネタです。生徒の興味・関心に応じたテーマ設定ができます。

　中学校３年間の関数のまとめとして，生徒にレポートを書いてもらうことを伝えます。いきなりレポートの作成に進むのではなく，これまでに学習した関数にはどんなものがあったかを振り返る時間を取ります。そのうえで，「火をつけてからの秒数とろうそくの長さ」「ふりこの長さと周期」など，実験結果や生活の中での事象を取り上げ，

　「身近な事象を基に，関数のレポートをまとめよう」

と投げかけます。

　自分が興味をもったテーマを設定し，調べるところから始めていきます。テーマ設定が難しい生徒のために，いくつか例が提示できるとよいでしょう。インターネット等で情報収集をし，それを分析していきます。

　次のような構成例を示しておくと，レポートにまとめやすくなります。

---

　①テーマ設定の理由　　②調べたデータ
　③表・式・グラフ　　　④考察

　生活の中の事象に着目すると，きれいな数値ばかりではないため，「関数とみなす」ことも必要になります。その際は，なぜそう考えたのかを考察に書けるとよいでしょう。

　書いたレポートをお互いに読み合ったり，発表会を開いたりすると，友だちの発表から新しい発見ができます。

62

ゆがまないように 写真の大きさを変えるには？

説明ネタ

> 「図形と相似」は指導時数が多く，三角形の相似条件を使って図形の性質を確かめたり，相似な図形の性質を用いて平面および立体の図形の計量をしたりします。その基礎となる１時間目にぴったりのネタです。

教室の大型テレビなどを使って，学校行事の画像を投影します。

「この写真のみんなの表情がとてもいいね。学年通信にこの写真を載せようと思うんだ」

と説明します。

そして，画像の縦だけ，あるいは横だけを伸び縮みさせます。すると，生徒はゆがんだ画像を見て，そのおかしさを指摘します。「画像が縦だけ伸びていて変だ」「まるで太っているみたい」「写っているものの形が変わってしまっている」のように，生徒なりの表現で相似の概念に近づいていきます。

「角度」「形」など，ポイントとなる言葉がある程度出たところで

「確かに，これはおかしいね。こんなふうにゆがまないように，写真を大きくしたり小さくしたりすることを何と言ったかな？」

と問いかけます。小学６年で，大きさは異なるが形が同じ図形の観察をすることを通して，拡大と縮小及び拡大図と縮図について学習しているので，その復習をすることで全員を学びの土俵に乗せます。

「ピンチイン」「ピンチアウト」という端末操作があります。画面上に２本の指を置き，その間隔を閉じることで縮小することをピンチイン，開くことで拡大することをピンチアウトといいます。タブレットではこの操作で簡単に拡大や縮小ができ，生徒にとってもなじみがあるでしょう。ここで「タブレット上ではなく，ノート上だったらどうか」のように本単元で学びたいことに話を広げていきます。

図形と相似

63
相似条件と合同条件を対比しよう

課題ネタ

難易度★

> 数学において暗記すべきものはそう多くはありませんが，三角形の相似条件は数少ない暗記すべきものと言えます。ただし，丸暗記にならないよう，2年で学習した三角形の合同条件と関連させて指導します。

　三角形の相似条件の学習では，相似条件と合同条件を対比させて考えることで理解がいっそう深まります。相似条件を何度か言わせた後，合同条件を提示し，並べて見せます。デジタル教科書などを有効に使います。

三角形の相似条件	三角形の合同条件
①3組の辺の比が， 　すべて等しいとき	①3組の辺が， 　それぞれ等しいとき
②2組の辺の比とその間の角が， 　それぞれ等しいとき	②2組の辺とその間の角が， 　それぞれ等しいとき
③2組の角が， 　それぞれ等しいとき	③1組の辺とその両端の角が， 　それぞれ等しいとき

「③は『1組の辺の比とその両端の角』ではないの？」

とゆさぶるのもよいでしょう。なぜ2組の角なのかが明確になります。

　このように相似条件と合同条件を絡めて学ばせた後，次のように伝えます。

　「相似条件の理解を深めるために，合同条件と比較したら，ついでに2年の復習ができたね。高校入試は中学3年分が学習範囲ですが，全部1から復習する時間はなかなか取れないので，こうやって折に触れて学び直しましょう」

64
相似比が１：１はあり？

> 　相似比に関する説明ネタです。教科書などでは扱われることのない問いですが，生徒の意見が分かれるので，結果として相似の定義についての理解が深まります。

　相似比について，教科書などでは「相似な２つの図形において，対応する線分の比を相似比といいます」のように説明されています。

　授業では，これに基づいて相似比についての理解を深めるために，例えば以下のような問題を扱うことと思います。

> 　△ABC と△DEF が相似であり，線分 AB と線分 DE が対応するとします。線分 AB が４cm，線分 DE が６cmのとき△ABC と△DEF の相似比を求めましょう。

　このほかにも，上の例とは逆に，相似比がわかっている三角形のある辺の長さを求めさせるような場合もあるでしょう。

　このような問題である程度練習を重ねたところで，生徒に以下のように投げかけてみます。

「ある生徒が，『△ABC と△DEF は相似です。その相似比は１：１です』と答えました。これは正しいでしょうか？」

　この問いに対しては意見が分かれるところです。「教科書の相似の定義には，『一方の図形を拡大または縮小した』とあるから，１：１であるということは，拡大も縮小もしていないのでおかしい」という生徒も出てくることでしょう。このような意見を大いに認めたうえで，相似比１：１（＝合同）は相似の特別な場合であり，１：１であるという表現も間違いではないということを説明します。

65
OA′＝3OA の
イメージをつかもう

説明ネタ

> 　三角形が相似になるとき，どの相似条件に当てはまるのかを考える場面があります。その際，生徒の身の回りのことや実感のわくものに引きつけて説明することで，生徒の興味を高めます。

　ノートに任意の三角形 ABC をかかせます。その三角形の外部に点 O をとります。OA，OB，OC 上にそれぞれ点 A′，B′，C′を次のように取ります。

$$OA′＝3OA \qquad OB′＝3OB \qquad OC′＝3OC$$

　すると，△ABC と△A′B′C′はどんな関係になるでしょうか。

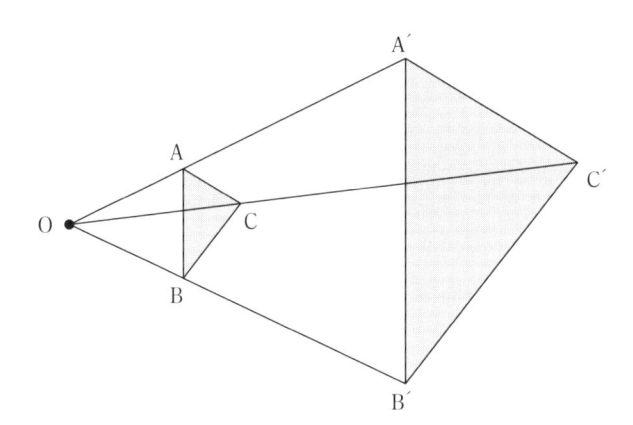

　これは，3組の辺の比がそれぞれ等しいため相似になります。そのことを確認した後，この原理に似たものを知らないか生徒に尋ねます。具体的な問いではありませんが，これくらいは意図を読み取らせたいものです。映画館のフィルムやスクリーンなど生徒がイメージしやすいものをあげさせます。一度イメージをつかめば，O が三角形の内部にある場合もすぐに理解できます。

66

図形を連続的に
動かそう

教具ネタ

> いろいろな事象をそれぞれのものとみるのではなく，統合的に捉える
> ことは重要です。ICTを使って図形を連続的に動かして考察すること
> で，平行線と線分の比の性質を統合的に導いていくネタです。

　△ABCで，辺AB，AC上に，それぞれ点P，Qがあるとき「PQ//BCな
らばAP：AB＝AQ：AC＝PQ：BC」ということは，この単元で必ず押さ
えておきたい平行線と線分の比の性質です。この基本を押さえた後に，作図
ツールなどを使って，PQの位置を連続的に移動してみせます。下図の①辺
AB，ACの延長上や，②辺BA，CAの延長上にある場合です。ICTを少し
活用するだけで，こんなにも簡単に統合的な見方ができるのです。

図形と相似

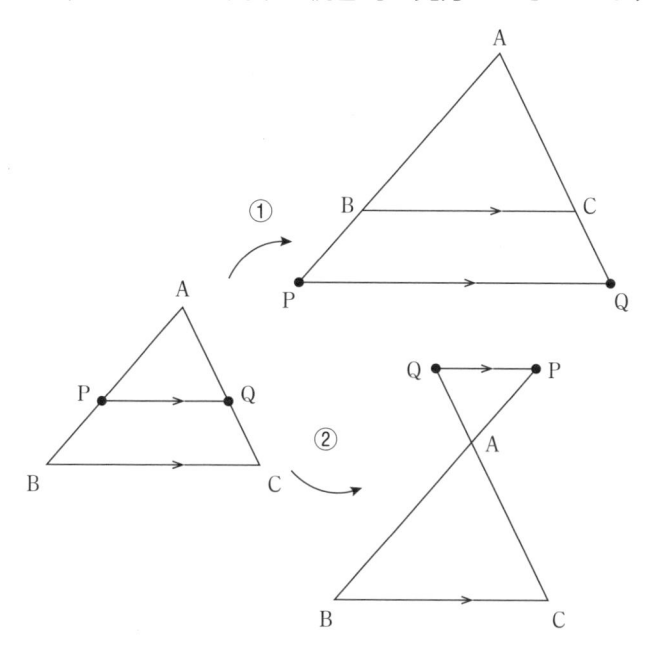

67
平行線と線分の比が
成り立つ場合は？

説明ネタ

> 　平行線と線分の比で起こりやすい間違いを未然に防ぐための説明ネタ
> です。教師にとっては当たり前でも，生徒にとっては当たり前でないこ
> とが多々あることを肝に銘じ，1つの図にも気を配りましょう。

　この単元では，平行線にはさまれた線分の比について以下のことを指導します。

　2つの直線が3つの平行な直線と
右のように交わっているとき，以下
の関係が成り立ちます。

$a : b = a' : b'$

$a : a' = b : b'$

　これは，2つの直線の間においてのみ成り
立つ関係ですが，ともすると，3つの平行な
直線と2つの直線すべてにおいて同様に言え
ると勘違いする生徒がおり，右図を見て，

$a : b = a'' : b''$

と考えてしまいます。これは，教師が勘違い
してしまうような図を何気なく示してしまっ
ていることも1つの大きな要因です。

　そこで，右図のように極端な図も例示して
みます。この図であれば，$a : b = a'' : b''$と
勘違いする生徒は，かなり減るはずです。

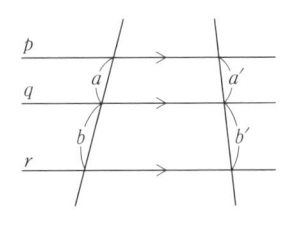

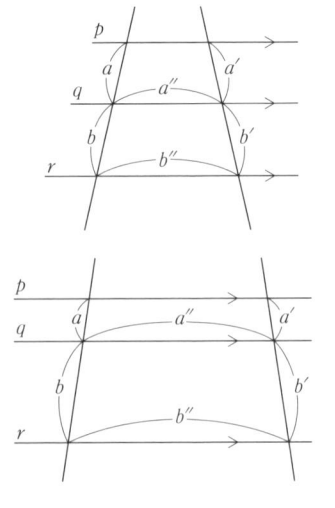

68

どうやって
作図しているの？

教具ネタ

> 平行線と線分の比の性質を具体的に利用する場面として，線分を三等分する方法を取り上げます。教師が説明してしまいがちですが，1人1台端末を使って生徒が考えたくなるちょっとした工夫を紹介します。

　平行線と線分の比の性質を使って，ノートの横幅を3等分する方法を考えます。ノートの罫線が平行線であることから，根拠を明確にして3等分できる理由を説明できることを目指します。

　次に，線分 AB を3：2に分ける方法を学習します。ノートの3等分と同じように3等分できる理由を考えさせるのではなく，デジタル教科書や教師が作図したものを何も説明せずに動画で見せ，

「これは何をしているのでしょう？」

とだけ発問するのです。

　すると，教師が長々と説明するよりも，生徒は深く考えます。「どうやら3：2に分けてそうだ」「直線の長さは関係があるのか？」と生徒が予想や疑問をあげるので，それを共有します。グループ活動にして，必要に応じてそれぞれのタイミングで繰り返し動画を見ることができるようにしておくとよいでしょう。

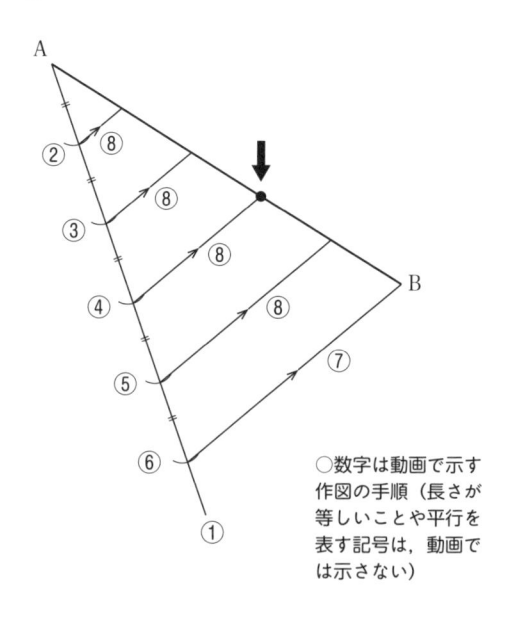

○数字は動画で示す作図の手順（長さが等しいことや平行を表す記号は，動画では示さない）

図形と相似

69
補助線を引いた理由を考えよう

課題ネタ

難易度★★

> 平行線と線分の比の学習では，見いだした性質をそれぞれのものとするのではなく，統合的・発展的に考えることが大切です。そのためには，同じ図形について様々な補助線を考えることがうってつけです。

　問題で問われている内容を答えることができれば，おおむね満足してそれ以上思考しない，という生徒は少なくありません。しかし，図形を見たときに闇雲に補助線を引いたり，パターンを丸暗記したりしていては，数学的な見方・考え方は豊かになりません。

　そこで，1つの問題（図形）において様々な補助線の引き方を考えさせ，それを黒板や情報端末などを使って共有します。そして，それぞれの補助線に対して「なぜこの補助線を引いたのか」を考えます。すると，それまではバラバラに見えた補助線が，結局はいくつかの基本形に行き着くことに気がつきます。「この基本形をつくりたいと思った」のような生徒の発言を引き出し，それを広げることがポイントです。

70

中点を結んでできる四角形の形は？

> 四角形の４つの辺の中点を結んでできる形が，どんな四角形になるかを考える問題があります。作図ツールなどＩＣＴを活用すれば，どんなときでも同じことが言えるかを確かめることができます。

四角形 ABCD をかき，４辺の中点を，それぞれ P，Q，R，S とします。このとき四角形 PQRS はどんな四角形になるでしょうか。

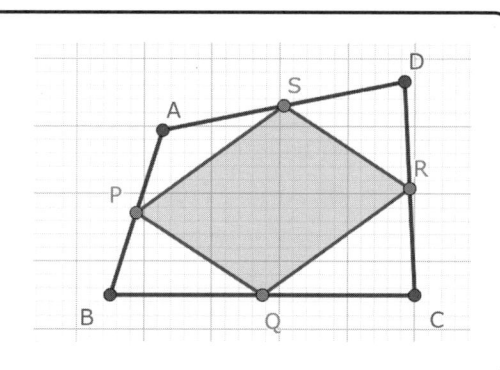

図形と相似

　問題を提示して生徒に図をかかせると「平行四辺形になりそうだ」という予想が出ます。実際に中点連結定理を使うと，四角形 PQRS が平行四辺形になることが証明できます。

　しかし，生徒がかいた四角形はすべての場合を満たしているでしょうか。GeoGebra などの作図ツールを使うと，頂点を自由に動かすことができ，それに応じて四角形 PQRS も変形します。

　例えば，右図のような凹四角形の場合はどうでしょうか。どのような補助線を引くと証明ができるか生徒と考えることができます。作図ツールを使って条件変えし，学習を広げていきましょう。

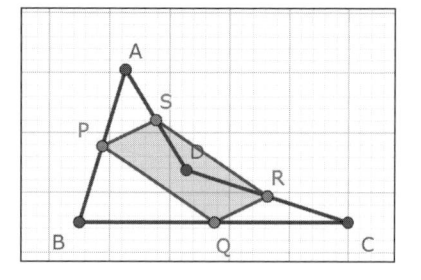

71
三角形の重心はどこ？

探究ネタ

> 中点連結定理などのこの単元で学習したことを利用すると，重心について理解を深めることができます。感覚的にはなじみのある，三角形を1点で支えることのできる重心の存在を確かめる探究ネタです。

　まずは，中線を定義し，「3つの中線が1つの点で交わるのではないか」という予想を立て，それを確かめます。生徒に自由に考えさせてもよいですが，ある程度の足がかりは共有しておきたいところです。中線 BN，CM を引くと交点 G が定まり，もう1本の中線 AL も G を通ることを示せばよいのですが，生徒にとっては難題です。そこで，A と G を結ぶ直線が BC の中点を通ること，つまり AG が中線 AL に一致することを示すことに話を進めます。このような証明の方針は全体に説明し，理解させてから探究の時間を設定しましょう。

　様々な方法で探究を進めた後は，実際に厚紙でつくった△ABC が，点 G で支えられることや，内心，外心，傍心，垂心（重心とあわせて五心）があることに触れてもよいでしょう。

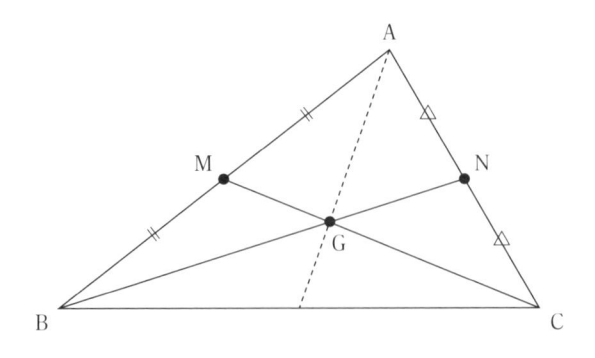

72

面積が大きいのは
どっち？

図形の計量では，計算して面積や体積を求めることも大切ですが，その基盤にある原理を生徒が理解できるようにしなければなりません。面積比が相似比の２乗になることを深く理解するための課題ネタです。

下の図で，△ ABC ∽△ DEF で相似比が２：３であるとき，△ ABC とグレーの部分の面積ではどちらが大きいでしょう。

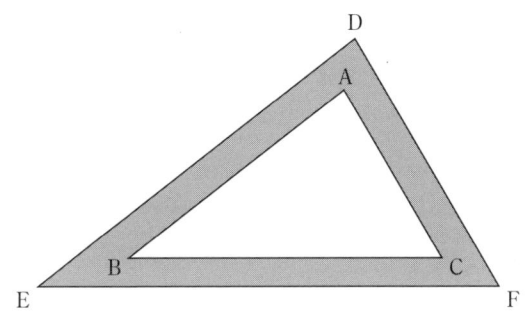

どちらの面積が大きいかを問うことにより，生徒はまず図を見た感覚で予想します。「何となく△ ABC の方が大きく見えるような気がする」などの直感的なつぶやきを大いに認めましょう。発言しやすい雰囲気があるからこそ，安心してつぶやくことができます。

「△ ABC と△ DEF の相似比が２：３だから，△ ABC とグレーの部分の面積比は２：（３－２）＝２：１である」と考える生徒がいます。これに対して「本当にそうなのか？」という疑問を出す生徒が出てきます。こうした意見交流を通して，△ ABC と△ DEF の面積比が４：９になることを明らかにしていきます。

73

パスタメジャーの
直径は何㎝？

> 相似な図形の相似比と面積比を活用して，日常生活の問題を解決する課題ネタです。パスタメジャーを取り上げ，図形の相似比と面積比の関係を基に論理的に考察したり表現したりすることを目指します。

　パスタメジャーという何人分かのパスタを量ることができる道具があります。本物があれば本物を，なければ画像を見せながら，簡単に道具の使い方を説明します。具体物は，生徒の興味を高めます。

　1人分のパスタをどのように量るかを問うことで，日常生活の場面をイメージさせます。「重さ」や「本数」などの発言を引き出すことができれば，イメージができていると言えます。2人分，3人分は重さや本数を2倍，3倍すればよいこと，人数に比例することも想像がつくでしょう。パスタ1本ずつの太さが一定であるとみなしていることなどに触れてもよいでしょう。

　生徒の実情を見ながらある程度のイメージができたところで，次のように課題を出します。

> 　4人分を量る穴の直径が4㎝であるとき，1人分，2人分，3人分を量る穴の直径はそれぞれ何㎝でしょうか。

　感覚的に考えて，1㎝，2㎝，3㎝となっているという予想が出ますが，相似比と面積比の関係を理解したうえで問題場面を想像すると，正しくないことがわかります。

　「1人分を量る穴の直径は，パスタの本数，つまり面積が4人分の$\frac{1}{4}$倍になるから，直径は$\frac{1}{2}$になるはずで…」と論理的に考察を進めると，感覚のずれに驚く生徒もいることでしょう。

74
校舎の高さを求めよう

探究ネタ

> タワーなどの建物の高さを，相似の考え方を使って求める問題は多くの教科書で扱われています。せっかくなので，3年間の思い出の詰まった学校の校舎で実践してみるという探究ネタです。

　まずは自分の校舎の高さを予想させます。あてずっぽうでよいのですが「1フロア4mとすると，4階建てだから16m」程度の感覚は磨きたいものです。予想をいくつか立てたところで，「校舎の高さを求めよう」という課題を提示します。指定された時間内であれば，教室の外に出てよいことを確認します。ただし，すぐに外に出るのではなく，教室の中で作戦を立てる時間を確保します。生徒のやる気は，紙面上で数値を与えられて取り組む課題とは比較になりません。

　校舎と生徒の影を測る方法，校舎を見上げる角度から求める方法，写真を撮影してその縮尺から求める方法など，生徒は実に様々な方法を考えます。多くの場合に，情報端末が活躍するでしょう。それぞれのグループで求めた後には，その方法を他のグループに説明させます。クラス全体に，数学的な見方・考え方を広げ，深めるための時間です。また実際の校舎の設計図などを準備しておき，答えを発表すると大変盛り上がります。

図形と相似

75

どちらのピザがお得？

課題ネタ

難易度★★

> 相似な図形の面積比は相似比との差が大きく，生徒の感覚とずれが生じることがよくあります。身近なものから，相似比と面積比について理解を深められるネタです。

単元末に，次のような問題を提示します。

> あるお店ではピザが人気で，２種類のサイズで売られています。Mサイズは直径20㎝で2000円，Lサイズは直径30㎝で4000円です。どちらを買うのがお得でしょう。

この課題を提示すると，「Lサイズは直径は２倍になっていないのに価格が２倍になっているので損」「$2000 \div 20 = 100$，$4000 \div 30 = 133.3\cdots$だからMサイズの方がお得」といった意見が上がります。

正しく考えると，直径の比は$2 : 3$より面積比は$2^2 : 3^2 = 4 : 9$となります。価格の比は$2000 : 4000 = 1 : 2 = 4 : 8$より，Lサイズの方が少しお得であると言えます。

> 大きくて手間のかかるLサイズだけ大きさを変えずに値上がりすることになりました。いくらまでであれば，Lサイズの方がMサイズよりもお得でしょうか？

面積比が$4 : 9$なので，$2000 \times \dfrac{9}{4} = 4500$円までであれば，Lサイズの方がお得とわかります。

宅配ピザ会社のウェブサイトを閲覧し，実際の商品で検証させると，「大きい方がお得」という固定概念を覆させられることがあるかもしれません。生徒は楽しみながら相似比と面積比についての理解を深められるでしょう。

76

円周角の定理を
しっかり理解しよう

説明ネタ

> 円周角の定理の問題には，意欲的に取り組む生徒が多くいます。ある意味，クイズのように考えるからでしょう。しかし，困っている生徒もいます。そのような生徒をつくらない説明ネタです。

次の図の∠xの角度を求める問題があります。

円周角の定理がよくわかっている生徒は簡単に答えを出すことができます。

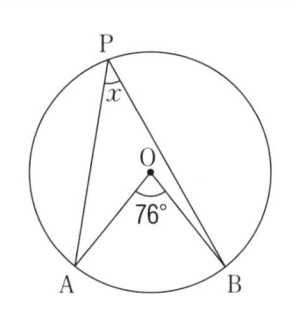

ところが，全員の生徒が理解できてはいません。できる生徒は次から次へ問題をこなしますから，わからない生徒には，いつも以上のプレッシャーや焦りを生じさせます。

「わかっている角の半分が答えになる」などと，とりあえず答えが合っていればよいと考える生徒もいます。

そこで，はじめは時間をかけて，円周角の定理をきっちり適用させていくようにします。

具体的には，理解できている生徒に「円周角の定理から，∠AOBは76°だから，∠APBはその半分の38°である」と丁寧に説明させます。その際に，教師は点Pを図形ツール等で様々な位置に動かし，弧ABに対する円周角が∠APBであることを改めて認識させます。

なお，∠APBの位置によっては円周角の定理を適用できない生徒がいます。こういったときのために，日ごろから生徒が素直に疑問が出せる授業運営をしておくことも大切です。

円の性質

77

教具ネタ

作図ツールで
円周角の定理を確かめよう

> 無料の作図ツールの１つに，ＧＣ（愛知教育大学・飯島康之先生開発）があります。このツールのよさは，図形を自由に作成できることや，動かして定理を確かめたり，新たな発見ができたりすることです。

　ＧＣで右下の図を作成し，生徒に提示します。また，「円周角の定理」を示します。

①１つの弧に対する円周角の大きさは，その弧に対する中心角の大きさの半分になる。

②同じ弧に対する円周角の大きさは等しい。

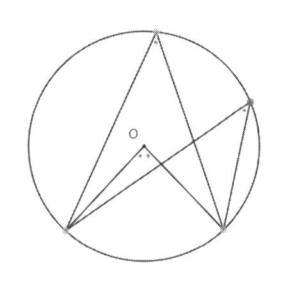

　「①と②で示されていることを，ペアでＧＣを使って円周上の点をいろいろな位置に動かしながら確かめましょう」

　このように指示します。

　「ペアで」と指定するのは，２人で確かめた方が，「これはこういうことだよね」と声を出しながら活動するからです。１人で操作活動をしていては，そうした声はなかなか出てきません。

　そのうちに，中心角が180°になったとき円周角は90°，360°になったときは０°となることなど，特殊な場合を操作しながら想定し，確認するようになります。このペア活動を通して，「円周角の定理」のイメージをしっかりもたせることができます。

78

作図ツールで
問題の解答を確かめよう

　ＧＣを使って，問題の解答を確かめることができます。図形を動かすことで，論理的に考えたことを改めて確認させます。論理的な思考のよさを実感させることができる教具ネタです。

　ＧＣで下の図を作成し，生徒に次のように投げかけます。

「$\frac{1}{2}\angle \mathrm{BOD} = \angle \mathrm{BAC} + \angle \mathrm{CED}$（＊）であることがわかりました。作図ツールで点 A，B，C，D，E を動かして，このことを確かめてみましょう」

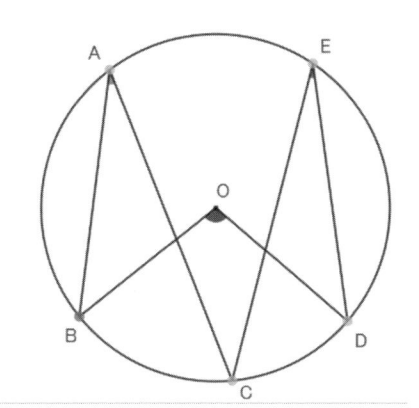

∠BAC=28
∠CED=22
∠BOD=100

　生徒は，点 A や点 E を動かしても，注目している３つの角の大きさが変化しないことに気づきます。「あれっ，変わらないぞ。あっ，そうか。変わるわけはないな」などとつぶやきます。

　＊を確かめるために点 C を動かすと，∠ BOC や∠ COD が変化し，ともなって，∠ BAC や∠ CED も変わること，しかし∠ BOD の大きさは変化せず，常に＊が言えることを確認するでしょう。さらに点 B や点 D を動かし，∠ BOD を変化させても，常に＊は言えることも確かめさせましょう。

　操作活動を通して，改めて円周角の定理のよさを実感します。

79

円周上にできた
四角形を調べよう

課題ネタ

難易度★★

　円周上を12等分した点がある図を使って，生徒に自由に四角形をつくらせます。その四角形の名称を確定するときに，自ずと円周角の定理を使うことになる課題ネタです。

　円周上を12等分した図が多数かいてあるシートを配付し，以下の問題を提示します。

> 　円周上の点を結んで四角形を自由にかいてください。そして，それぞれの四角形の名称を，根拠に基づいて説明してください。

　生徒は次のような四角形をかくでしょう。だれもができる活動です。

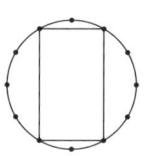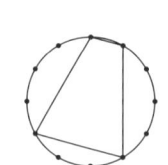

　それぞれの四角形の名称を確定するときには，辺の長さや角の大きさに注目しなければなりません。辺の長さは，弧の長さを基に明確にできます。角の大きさは，円周角の定理から明確にできます。

　話し合いを進めていると，共通点として見えてくることがあります。1つは「四角形の向かい合う角の和は180°である」ということです。四角形の1つの角は，12等分→中心角30°→円周角15°から，すぐに求められることもわかります。

80

「円周角の定理の逆」の よさを理解しよう

説明ネタ

> 「円周角の定理の逆」を学習する場面があります。このときに，この定理のよさをどのように伝えているでしょうか。生徒自身に気づかせるための説明ネタです。

「『円周角の定理の逆』を学習しました。この定理のよさをぜひ実感してほしいと思います。よさを感じるのは，4点 A，B，C，D が同じ円周上にあるかどうかを判定するときです。

では，『円周角の定理の逆』をどのように考えると，『4点 A，B，C，D が同じ円周上にあるかの判定』に使えるのでしょうか。ペアで話し合ってください」

次の2つの図を示して，上のように投げかけましょう。

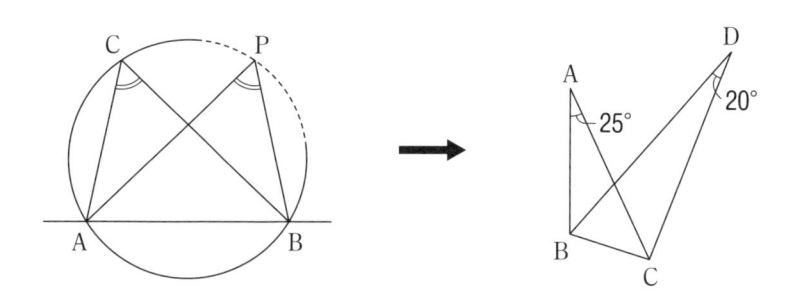

生徒は，右図の∠BAC と∠BDC を円周角と見立てたとき，角の大きさが違うので，4点 A，B，C，D が同じ円周上にないと言えるなど，定理を当てはめて考えることでしょう。

そのうえで，教師が改めて「円周角の定理の逆」について説明することで，生徒はより深く理解できます。

円の性質

81

シュートが
入りやすい位置は？

課題ネタ

難易度★★

> 生徒の身近にあるものを題材にして，円周角の定理の逆を引き出すネタです。サッカーのシュートの入りやすさを，角度に注目することで，円周角の定理の逆につなげます。

A 地点からシュートを打つとき，30°の範囲内であればゴールに入るということを示しています。

角度だけに注目するとき，A 地点とシュートの入りやすさが同じ点はどこでしょう。また，その点を集めた軌跡はどうなるでしょう。

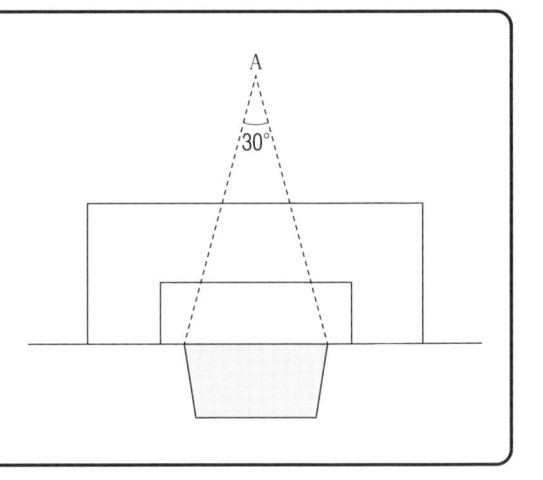

ゴールに平行に動いた場合，コートの中央が最も角度が大きいように感じられます。サイドライン（タッチライン）に近いと角度が狭くなっていきます。中央とライン上などの極端な場合を比較するとわかりやすいでしょう。また，A の位置からゴールに向かって真っすぐに近づく場合は角度が大きく，離れる場合は小さくなることもイメージしやすいでしょう。話し合いをさせていくと，どうやら軌跡は円周上になりそうだと予想ができます。

この予想をしたうえで，これは「円周角の定理の逆」を考えていることだと伝えます。円周上にある場合と円の外部，内部にある場合をそれぞれ考え，三角形の内角・外角の性質を使って，正しいことを証明していきます。

82

円に内接する四角形の
性質を探究しよう

探究ネタ

> 「円に内接する四角形の性質」は，教科書では発展として扱われていますが，重要な円の性質の1つです。性質を示す図を見せ，それが何を示しているかを考えさせ，この性質に気づかせる探究ネタです。

「右の図は何を伝えようとしているのでしょうか？」

このように「円に内接する四角形の性質」を示す図を，何も説明せずに見せます。

これを見ると，生徒は二重線で示してある角は等しいのだろうと察しはつくので，

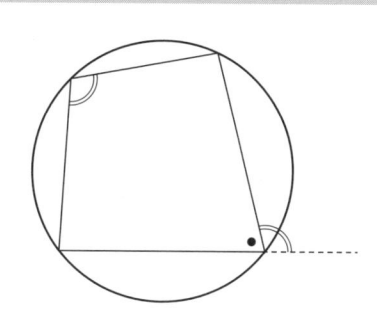

「確かに等しいのですが，その理由を説明しましょう」

と投げかけます。この図だけで，説明することは困難です。生徒の取組の状況を見て，円の中心や半径をかいている生徒を見つけ，その活動が説明できる図に近づいていることを称賛しましょう。

そのうえで，過去の円周角を求める問題から，円に内接する四角形を扱っている問題図（右図はその一例）を提示するとよいでしょう。

すると，二重線の角は等しいことや向かい合う角の和が$180°$となること（円に内接する四角形の性質）を説明できる生徒が出てきます。

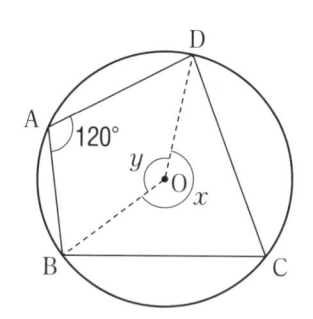

円の性質

097

83

接線と弦のつくる角の
性質を探究しよう

探究ネタ

「接線と弦のつくる角の性質」も，教科書では発展として扱われています が，重要な円の性質の１つです。性質を示す図を見せて，それが何 を示しているかを考えさせ，性質に気づかせる探究ネタです。

「右の図は，何を伝えようとしている のでしょうか。ただし，直線は円の接線 です」

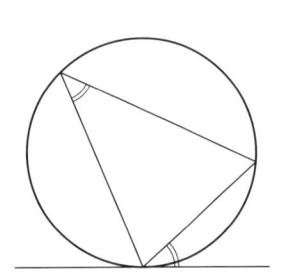

当然ですが，生徒はこの図を見ると， 二重線で示してある角は等しいことを伝 えようとしていると考えます。そこで，

「確かに等しいのですが，その理由を 説明しましょう」

と投げかけます。

しかし，この図だけでは説明することは不可能です。そこで早めに次の図 を提示します。

∠ACD が90°であること，直径と接線 がつくる∠DAT が90°であることを確認 した後，自由に考えさせるとよいでしょう。

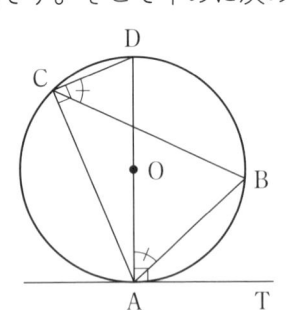

生徒は，徐々に弧 DB の円周角が等しい ことに気づき，当初の予想通りのことが言 えることに納得できます。これが接線と弦 のつくる角度の性質であることを押さえた後，作図ツールで点 B を円周上 で動かし，∠BAT が鈍角の場合もこの性質が成り立つことなどの理解を深 めるとよいでしょう。

84

説明ネタ

円の接線の作図は
定規ですぐにできる？

> 「円の接線の作図をしなさい」というと、円外の点から円の端に、定規でちょうど接する直線をかく生徒が少なからずいます。円周角の定理を用いて論理的に作図することが大切だと伝える説明ネタです。

　「円の接線をかいてください」と指示すると、定規を使って点Aから円の端へちょうどくっつくように線をかく生徒がいます。どのような線が接線なのかわかっているものの、それでは円の接線が作図できたとは言えません。このように、ありがちな誤った接線の作図の仕方を確認したうえで、次のように投げかけましょう。

　「右の図を見てください。円の接線は円の（　　　）と垂直に接していると言えます。（　　　）には、どのような言葉が入るでしょう？」

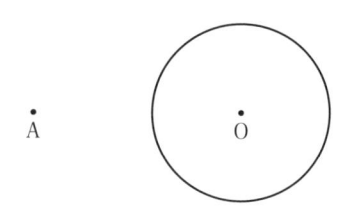

　ほとんどの生徒が「半径」と答えることができます。そこで、右下図を提示し、次のように投げかけます。

　「これは接線の作図をしたときの図です。この図を見て、半径 OP と接線（半直線 AP）が垂直に交わっていることを説明してみましょう」

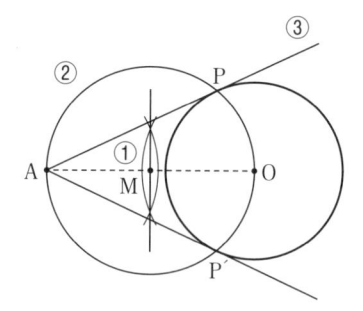

　接線の作図を自ら見つけさせるのは難しい活動です。このように、ある程度説明しながら導くことが大切です。

円の性質

85

なぜそこに
補助線を引いたの？

探究ネタ

補助線が必要な問題を提示すると，すぐにそのことに気づく生徒と，そうでない生徒がいます。闇雲に引くのではなく，ねらいをもって引くことの大切さを実感させるネタです。

右図で，円 O は直線 ℓ に点 P で接しており，点 A，B，Q は円 O の円周上の点です。
このとき，$\angle x$，$\angle y$ の大きさを求めましょう。

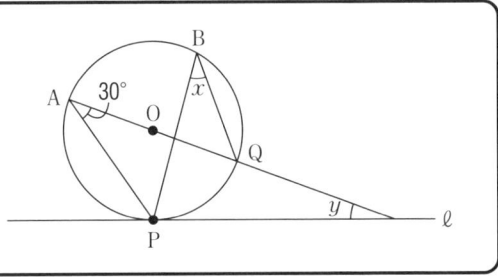

円周角の定理から求められる $\angle x$ と違い，$\angle y$ はこのままでは求められません。補助線を引く生徒がいたら，「補助線を引いたのですね」と全員に聞こえるように教師がつぶやきます。それでも手がつけられない生徒はいるので，解決した生徒に発表させ，考えの共有化を図ります。「OP を結ぶ」と発表したら，そうしようとした理由を問い返します。円周角の定理や接線の性質を利用しようとしたことなど，補助線のアイデアを共有するためです。下のような新たな問題を提示していき，繰り返しアイデアを共有します。

右の図で，4 点 A，B，C，D は円 O の周上にある。弧 AB の長さが弧 BC の長さの 2 倍である。このとき，$\angle x$ の大きさを求めましょう。

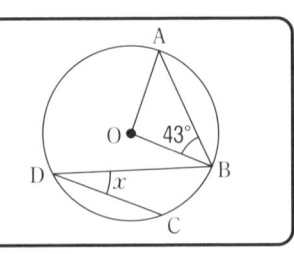

86
星形の角の和を
作図ツールで求めよう

　星形の角の和は180°であることを様々な考え方で確かめますが，その1つとして，作図ツールを使って求めさせる課題ネタです。角を1か所に集めることで，180°であることの納得感が高まります。

　（作図ツールの右図を提示し）このように円周上に5つの点を取ってできる星形があります。その5つの点は，自由に動かすことができます。先端にできる5つの角の和が180°になることを説明しましょう。

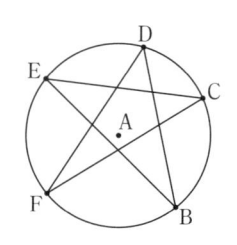

　生徒は，様々な点をいろいろと動かし始めます。見通しがもてないうちは，点を動かして考えることを大いにほめましょう。

　そのうちに，例えば，下図（左）で示したように，点Eを点Dに近づけても，∠BECの大きさは変わらないことに気づきます。

　点Eが点Dと重なったときには，下図（右）で示したように∠BEC＋∠FDB＝∠FDCとなります。点Bについても同様に考え，結果的に，△CDFの内角の和を求めることと同じになり，180°であることが示せることに気づきます。

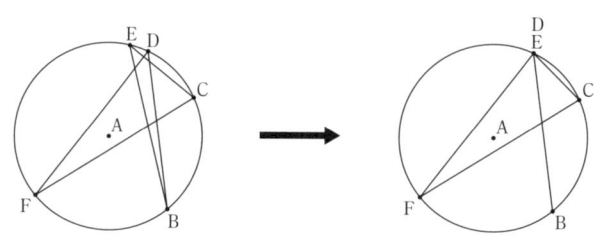

87

【教具ネタ】

三平方の定理は
どんなときに成り立つ？

> 三平方の定理は，直角三角形の３辺において言える定理であることを，作図ツールを使って認識する教具ネタです。直角三角形を他の三角形に変形したとたんに定理が成り立たなくなることで改めて認識できます。

右のように三平方の定理を示した図を作図ツールで各自が確認します。そして，

「△ ABC を直角三角形以外に変形させましょう。どんなことが言えますか？なお，P，Q，R は各正方形の面積を表しています」

と問います。

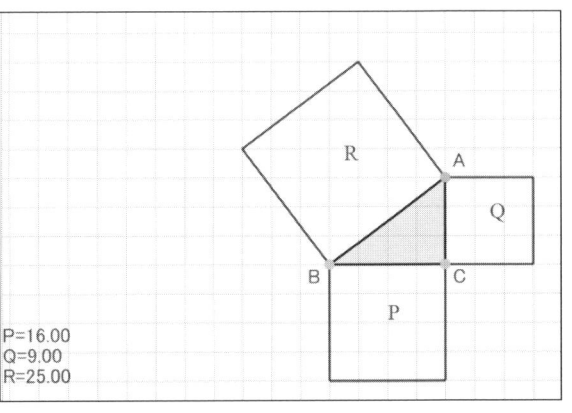

P=16.00
Q=9.00
R=25.00

まず△ ABC が直角三角形のときには三平方の定理が成立していることを認識させます。そのうえで，操作によって△ ABC を変形させ，直角三角形でなければ成り立たないことを認識させます。

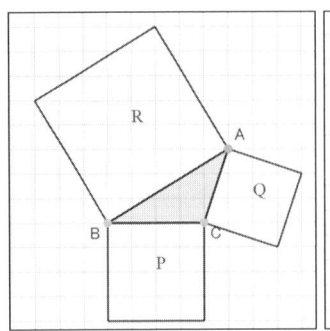
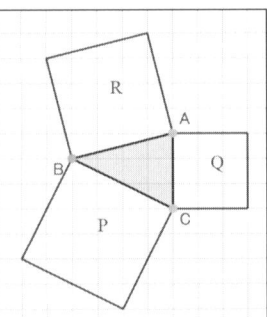
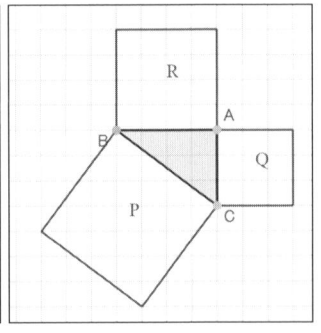

88

三角定規の辺の比を
マスターしよう

> 　三角定規の辺の比の直角三角形は，三平方の定理の問題に頻繁に出てきます。示された辺の長さを見るだけで残りの辺の長さがわかるようにするための習熟の工夫を紹介します。

　三角定規の辺の比を利用する問題は頻繁に登場するため，辺の比は暗記させておきたいものです。

　どこの学校にも，提示用の２組の三角定規があります。それを黒板上に置いて，下のように２辺の長さを示し，残りの１辺の長さを求めさせます。

①１：１：$\sqrt{2}$ の三角定規　　　　②１：$\sqrt{3}$：２の三角定規

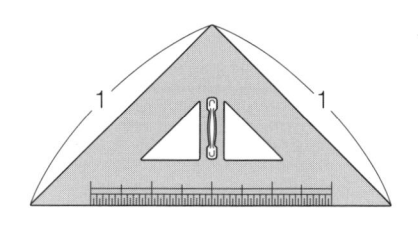
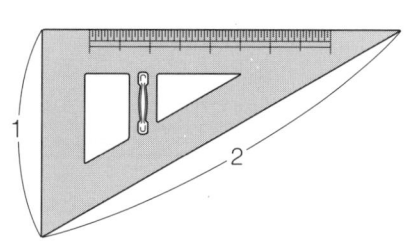

　このようにして，しばらくの間授業の開始直後に三角定規を示し，示された辺以外の長さを求める練習をさせます。

　その際には，例えば以下のようなバリエーションを取り入れるとよいでしょう。

---

①１：１：$\sqrt{2}$ の三角定規　　　②１：$\sqrt{3}$：２の三角定規

・１の箇所が２なら　　　　　　　　・１の箇所が２なら

・１の箇所が３なら　　　　　　　　・２の箇所が４なら

・$\sqrt{2}$ の箇所が２なら　　　　　　・$\sqrt{3}$ の箇所が $3\sqrt{3}$ なら

89

直角三角形の３辺の比を
マスターしよう

説明ネタ

特別な直角三角形の３辺の比は，その都度三平方の定理を用いて求めるのではなく，すぐに使えるように記憶させておきたいところです。そのための説明ネタです。

「次に示す直角三角形の三辺の比は，記憶しておきましょう」

①直角二等辺三角形……………… $1 : 1 : \sqrt{2}$ （斜辺）
②１つの角が60°の直角三角形… $1 : \sqrt{3} : 2$ （斜辺）
　（①②とも三角定規の１つ）
③直角を挟む辺が３：４である直角三角形… $3 : 4 : 5$ （斜辺）
④直角を挟む辺が５：12である直角三角形… $5 : 12 : 13$ （斜辺）
⑤直角を挟む辺が８：15である直角三角形… $8 : 15 : 17$ （斜辺）

図とともに覚えさせておくことを伝えましょう。そのうえで，例えば，右図を示して，
「$a = \sqrt{3}$, $b = 1$ なら, c は？」
「$b = 1$, $c = 2$ なら, a は？」
などと聞くとよいでしょう。

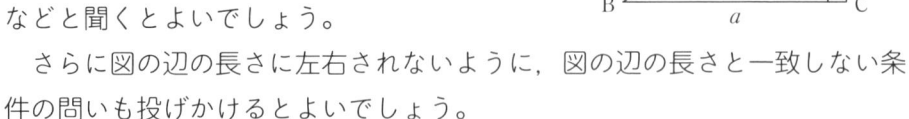

さらに図の辺の長さに左右されないように，図の辺の長さと一致しない条件の問いも投げかけるとよいでしょう。
「$a = 1$, $b = 1$ なら, c は？」「$a = 3$, $b = 4$ なら, c は？」
「$a = 5$, $c = 13$ なら, b は？」
などのように連続して問い，反射的に答えられるようにしましょう。

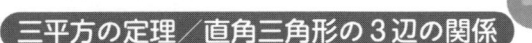
90
たくさんの証明方法に 触れよう

> 三平方の定理の歴史は紀元前1800年のバビロニアに遡ります。三平方の定理は時代や国境を越えて知られるようになり，多様な証明がなされています。その種類は100を超えると言われています。

多くの教科書で採用されている三平方の定理の証明は，右の図を使った証明です。中央の正方形の面積は c^2 と表される一方で $a^2 + b^2$ と表すこともでき，そのことで証明することができます。

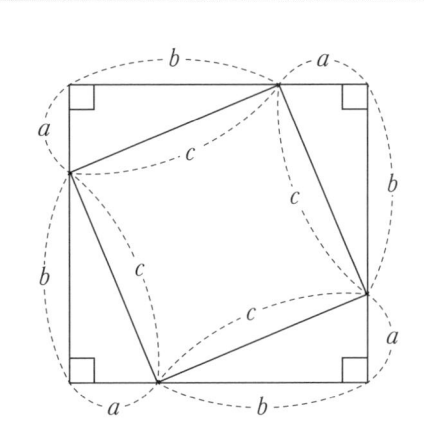

これで三平方の定理が成り立つことはわかるのですが，数学的な見方・考え方を広げるために，他の証明方法も紹介したいものです。

三平方の証明方法はシンプルなものから複雑なものまで非常に多岐にわたるのですが，有名なものは，右上のような図があればその意味を推測できるものがほとんどです。そこで，ネットワーク上に証明に使われる様々な図を入れておきます。生徒はインターネット上で調べたり，友だちと対話したりしながら証明方法を理解します。そして，どの方法でもよいので，全員が1つ証明できるようになることを目標にし，グループで証明をさせます。タブレットを有効に使ってプレゼンをさせるとよいでしょう。

アメリカの16歳の少女，物理学者のアインシュタイン，アメリカ合衆国大統領ガーフィールド…と発見者を簡単に紹介したり，100種類以上の証明方法があることを伝えたりすることで，生徒の気持ちはより高まります。

三平方の定理

91
「三平方の定理」の逆を
考える意義って？

説明ネタ

> 多くの教科書は，「三平方の定理」を図形の最終単元として位置づけています。そこで，これまでの学習を振り返らせ，ある定理がわかると，いつもその逆を考えてきたことを強調し，その意義を伝えます。

「『三平方の定理』を学びました。これまでの数学授業を振り返ってみて，ある定理を学ぶとその後で必ず考えてきたことがあるのですが，何だと思いますか？　隣同士で相談して，思い出してください」

このように投げかけます。教科書ではやや唐突に「三平方の定理の逆について考えましょう」といった問いが設定されていますが，これだけでは，必要感のないまま，「考えさせられている」という感覚をもってしまいます。

そこで上記の指示をします。生徒からは「三平方の定理がわかっているか確かめる問題を解く」「三平方の定理を利用した問題を解く」「三平方の定理が世の中で使われている例を探す」などの考えは出されますが，なかなか「定理の逆が成り立つかを考える」という考えは出されません。

そこで，3年の学習内容である「円周角の定理」「平行線と線分の比」などの教科書のページを見直させるとよいでしょう。いずれも，逆が言えるかどうかを確かめています。ぜひ，そのことに気づく生徒を育てましょう。ある事柄が成立するとき，その逆が言えるかどうか考えることは，これからも欠かすことができません。中学校数学授業において指導できる最後の場面だと肝に銘じて，「定理の逆」を考える大切さをしっかりと伝えましょう。学校生活の場面で例を示しておいてもよいでしょう。

「『○○さんは3年2組の生徒です』の逆である『3年2組の生徒は○○さんです』は正しいでしょうか？」

などと問うと，逆を考える意義がわかります。

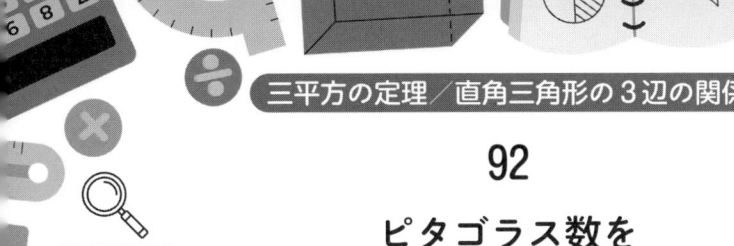

92
ピタゴラス数を
見つけよう

探究ネタ

> 三平方の定理を成り立たせる，つまり $a^2 + b^2 = c^2$ を満たす3つの自然数 a，b，c の組み合わせを「ピタゴラス数」と言います。それを見つけようとすることでその性質や美しさを感じさせるネタです。

　三平方の定理を学習し，いくつか三角形の斜辺や隣辺の長さを求めた後，無理数になる辺の長さが多い中，3，4，5になる三角形に注目します。

　「この3，4，5のように，$a^2 + b^2 = c^2$ を満たす3つの自然数の組み合わせを『ピタゴラス数』と言います。ところで，3，4，5以外にどんなピタゴラス数があるのでしょうか？」

　一見，すぐに見つかりそうなものですが，なかなか見つけることができません。しばらくすると，5，12，13や8，15，17や6，8，10などが見つけられます。このタイミングで，

　「ピタゴラス数はいくつある？」

と問います。停滞したら6，8，10に注目させます。3，4，5の2倍になっていることに気づき，3倍や n 倍でも確かめ始めます。ここで3，4，5のような最大公約数が1である組み合わせを「原始ピタゴラス数」であることを伝えます。原始ピタゴラス数も無数にあることが知られていますが，生徒は少なくともピタゴラス数は無数にあることを理解します。

　「ピタゴラス数は無数にあることがわかったね。みんなは高校入試を意識していることでしょう。実際のところ，入試で出てくるピタゴラス数は，3，4，5と5，12，13と8，15，17，もしくはその倍数くらいです。覚えてしまえば，計算スピードが速くなりますよ」

と締め括ります。また，$a^3 + b^3 = c^3$ だったらどうなるか，フェルマーの最終定理やその歴史を紹介するのもよいでしょう。

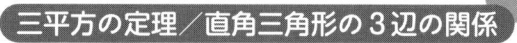
93

他の場合もないか
考えてみよう

　下の問題は，三平方の定理を使うと作図することができます。1つの解答で満足せず，他の場合はないかと考えると，理解が深まります。1つ見つかると，どんどん他の解答も見えてくる課題ネタです。

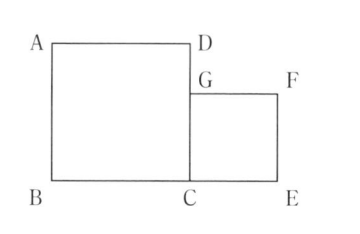

　右のように正方形が2つあります。面積がこの2つの正方形の面積の和に等しい正方形の1辺となる線分を図の中にかき入れ，それが正しいことを説明しましょう。

　多くの生徒は，線分 BG を引きます。直角を挟む2辺が BC と CG の直角三角形で，斜辺が BG なので，三平方の定理から正しいと言います。大いに認めつつ，他にはないかを問いかけることが大切です。

　要は，図の中に直角を挟む2辺の長さが BC と CG に等しい直角三角形をつくり出し，その斜辺を答えればよいことに気づかせるのがポイントです。

　例えば，コンパスで CE の長さを取って，点 A，B，C，D から円をかき，各辺との交点と点 A，B，C，D をそれぞれ結んだ線分の中に，題意に合う線分があります。

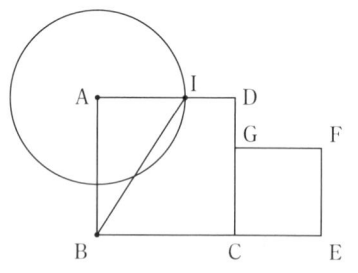

　右図は，点 A を中心に半径が CE の円をかいた図です。図のように交点を I とし，点 B と結ぶと，題意に合う線分となります。このように点 A，B，C，D から2本ずつ，他に DE があるので，合計9本の線分をかき込むことができます。

94

三角形の面積の求め方を
マスターしよう

説明ネタ

> この単元では三平方の定理を使って三角形の面積を求める問題に必ず取り組みます。闇雲に練習させるのではなく，三角形の種類ごとに解法をまとめ，共通するアイデアなどにも気づかせたいものです。

三平方の定理を利用した三角形の面積の求め方を，三角形の種類に分けて以下のようにまとめます。そうすることで，頂角の二等分線を引くことなど，直角をつくる共通のアイデアも見えてきます。

①直角三角形

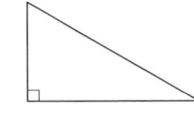

三平方の定理をそのまま適用する。

②正三角形

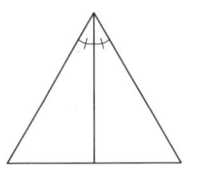

頂角の二等分線を引く。
→ $1:\sqrt{3}:2$ の比を利用する。

③二等辺三角形

頂角の二等分線を引く。
→三平方の定理の利用する。

④一般の三角形

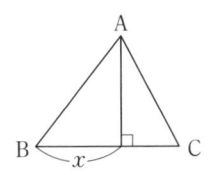

頂点 A から底辺に垂線を引く。
→垂線の交点とBとの距離を x とおく。ちなみに3辺が13cm，14cm，15cmのときは面積が84cm²となります。

三平方の定理

109

95

距離を長い順に 並べよう

課題ネタ

難易度★★

　2点間の距離は，三平方の定理を使って求められます。この課題ネタは，実際の座標上では微妙で長短がわかりにくく，三平方の定理を活用するよさが実感できます。

　次の座標をもつ2点間の距離を，長い順に並べましょう。
① A（2，1）， 　B（4，8）
② C（−2，4）， 　D（3，9）
③ E（−9，−3），F（−5，3）

　実際に，座標に点Aから点Fまで取って，線分AB，CD，EFを結び，その長さを測らせるとよいでしょう。3線分とも見た目はほぼ同じ長さで，長短を明確にすることはできません。

　そこで三平方の定理を活用し，距離を求めなくてはいけない考えに至ります。

ABの距離…$\sqrt{53}$

CDの距離…$\sqrt{50}=5\sqrt{2}$

EFの距離…$\sqrt{52}$

　近似値で表すと，$\sqrt{53}=7.28$，$\sqrt{50}=7.07$，$\sqrt{52}=7.21$なので，測って長短を決めようと思っても無理な話です。最後に近似値を示し，三平方の定理のよさを実感させてもよいでしょう。

96

なぜ展開図を利用したの？

> 直方体の頂点から頂点までの最短距離を求めさせる問題で，生徒から展開図を利用するというアイデアが出たとき，そのアイデアそのものに踏み込んで数学的に価値づける説明ネタです。

右のような直方体の表面を通って，頂点 A から頂点 G まで行くときの最短距離を求めさせる問題は定番の教材です。

定石は，展開図を利用して求めるアイデアを生徒に出させ，三平方の定理を使って求める展開です。

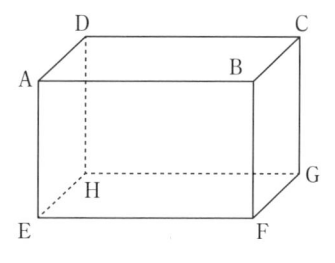

しかし，展開図を利用するという生徒のアイデアを称賛することはあっても，なぜそのようなアイデアを思いついたのか，本質まで触れることはなかなかありません。

そこで，生徒から展開図を利用するアイデアが出てきたときに，もう一歩踏み込んで，次のように発問したり，投げかけたりしてみます。

「なるほど，展開図にして考えたわけだ。でもね，直方体は立体だよ。なぜ展開図という平面にしたの？」

「展開図という方法を使って求めたんだね。ところで，『展開図にして求めなさい』と問題にはいっさい書いていないのに，どうして展開図にしたの？」

「展開図というアイデアが出てきたわけをみんなで共有したいね。ここが大切だ」

「展開図を利用するというアイデアはどうして生まれたの？　神様がそうささやいたの？」

三平方の定理

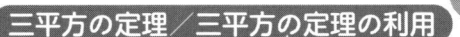

97

平方根の長さの作図の仕組みを考えよう

探究ネタ

> 平方根の長さの作図には，様々な方法があります。ここで紹介するのは，なぜこの方法で，$\sqrt{2}$，$\sqrt{3}$，$\sqrt{4}$…の作図ができるのかを，図を見て考えさせる探究ネタです。

次の方法で$\sqrt{2}$，$\sqrt{3}$，$\sqrt{4}$…の作図ができると言います。
なぜこの方法で作図できるのかを考えましょう。

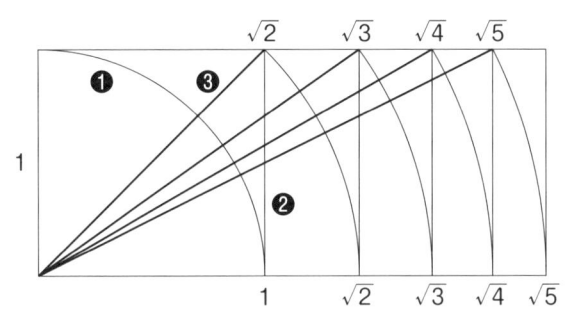

❶円をかく　　❷垂線をかく　　❸対角線をかく
$\sqrt{3}$以降も同様に繰り返す

　この図を見てどう感じたかを聞くことから始めてもよいでしょう。「美しい」「きれい」など感情的な言葉を大いに認めます。そのうえで，❶❷❸…と順にかいていくと平方根の長さを作図できる理由を考えさせます。ペアや4人で話し合うと，三平方の定理が活用されていることに気づく生徒が出てきます。「$\sqrt{2}$は1辺が1である正方形の対角線」「$\sqrt{3}$は直角を挟む2辺が$\sqrt{2}$と1の三角形の斜辺」など，生徒が考えを発表するときには，意識して数学的な表現をするように指導しましょう。

98
Ａ４用紙の秘密を探ろう①

課題ネタ

難易度★

> 普段当たり前に使用しているＡ４用紙を用いた課題ネタです。あまり気にしていない縦と横の長さに注目することで，生徒の好奇心を喚起することができます。

まず，１人に１枚Ａ４用紙を配付します。

Ａ４用紙を右図のように折ります。できた折り目の線は，この用紙の縦や横の長さと比べてどうでしょうか。

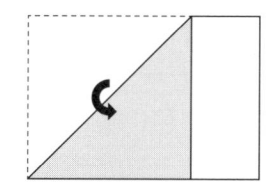

生徒は実際に長さを測ったり，隣同士で２枚の用紙を合わせてみたりするでしょう。結果的に横の長さと等しいことがわかるわけですが，生徒にとっては驚きです。続けて，次のように発問します。

「では，この長方形の横の長さは，縦の長さの何倍でしょうか？」

図の左側に正方形ができているので，正方形の対角線である折り目の線は正方形の１辺（＝長方形の縦）の長さの$\sqrt{2}$倍であることがわかります。折り目の線が長方形の横の長さと等しいことを先ほど確認したので，横の長さが縦の長さの$\sqrt{2}$倍であるとわかります。

ここで，Ａ４用紙を２枚合わせてＡ３にすると，さらなる発見が生まれます。Ａ３用紙の長辺はＡ４用紙の短辺の２倍であり，長辺は短辺の$\sqrt{2}$倍であるので，Ａ４用紙の長辺を$\sqrt{2}$倍するとＡ３用紙の長辺の長さになるとわかります。これは，Ａ３用紙がＡ４用紙の面積の２倍であることにもつながっていて，コピー機の拡大率へと話を広げることができます。

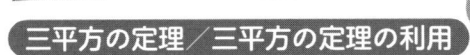

99

Ａ４用紙の秘密を探ろう②

課題ネタ

難易度★★

> 前項と同様にＡ４用紙を用いた課題ネタです。問いがオープンであるため，前項よりも課題の難易度は上がりますが，その分，解決できるとよりすっきりします。

> Ａ４用紙の縦；横の比は，１：$\sqrt{2}$ です。
> このことをだれにでもわかるように説明しましょう。

Ａ４用紙を各自に渡して考えさせます。縦と横の長さを測って，１：$\sqrt{2}$ となっているかを数値で明らかにしようとする生徒がいます。もちろん，この方法も大いに認めましょう。ただし，$\sqrt{2}$ は近似値でしか表現できないので，「だいたいそうなっている」という説明しかできません。

紙を折って確かめようとする生徒がいれば，その操作を大いにほめ，全体に共有します。多くの生徒は，Ａ４の中に正方形をつくります。ただし，根拠をもって活動している生徒は多くはいません。「なんとなく」折っている生徒がほとんどです。そこで，

「折り目の長さに注目するといいよ」

と助言しましょう。あとは，生徒の取組を見守り，いずれ気づくはずだという姿勢でいることです。なんとなく気づいてきた生徒が，確証を得るためにそれとなくつぶやくことでしょう。

実際にこの授業を参観したときには，ある生徒が折り目の長さが $\sqrt{2}$ の比になっていることに気づき，「この折り目を横の長さに平行移動したい」と他の生徒に相談していました。いろいろと考えた後に，横辺を折り目に重ねることができたときの喜ぶ顔は忘れられません。

100

一番内側の正方形の
1辺の長さは？

探究ネタ

三平方の定理を何度も活用して正方形の1辺を求めるネタです。直観で1辺がわかるように思うのですが，論理的に求めないと不安です。地道に1つずつ求めていくことが最善な探究ネタです。

直径20cmの円の中に，大中小の正方形がかかれています。

一番内側の正方形 IJKL の1辺を求めましょう。

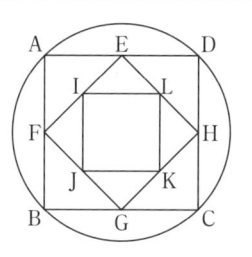

三平方の定理

直径がわかっていることから，△ABD に注目して，AB を x cmとすると，$x^2 + x^2 = 20^2$ より，$x = 10\sqrt{2}$ とわかります。

次に，内側の正方形の1辺は，△EFG に注目して，同様の考え方で計算すると，10cmになることがわかります。一番内側の正方形の1辺は，同様に考えると，$5\sqrt{2}$ cmになります。

ここで，最初の円の直径を含め，大きな正方形から順に1辺の長さを整理すると，$20 \to 10\sqrt{2} \to 10 \to 5\sqrt{2}$ となっていることから，1つおきに半分になっていくのではないかと予想する生徒がいるでしょう。

ここで冷静に考えさせると，中点連結定理に行き着きます。線分 AC と線分 EH は平行で，点 E，H は，AD，CD の中点ですから，当然半分になっているはずです。「わざわざ三平方の定理を使って計算することはなかった」と思う生徒もいるでしょう。相似の学習を思い出させたり，固定的に考えてはいけないと思わせたりすることもできるネタです。

101

三平方の定理を活用する
よさを実感しよう

課題ネタ

難易度★★★

> 数学教師でもすぐに解決の方針が立たない問題があります。この問題はその1つです。求める値がすべての辺の2乗の和であることから，「三平方の定理が活用できるかもしれない」と方針が見えてきます。

正八角形 ABCDEFGH の対角線 AE の長さは5cmです。

このとき，$AB^2 + BD^2 + DG^2 + GA^2$の値を求めましょう。

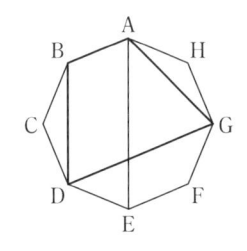

「どのように考えたら値が求まるだろうか」としばらく解決の方針が立たないのは，生徒ばかりではなく教師も同様かもしれません。そこで，

「式に特徴はありませんか？」

と聞いてみます。辺の2乗の和を求める式になっていることはだれもが気づきます。このあたりから，どうやら三平方の定理が活用できるかもしれないと考え，図の中に直角三角形をつくろうとする生徒が出てくる可能性はあります。数学的センスがよい生徒です。また，正八角形はいわば特別な図形で，この条件を使わない手はないと伝えましょう。直角三角形をつくろうという考えが生まれると，∠ABE ＝90°を使う発想も生まれます。

このことから，例えば，DG を BE に置き換えて，△ABE が直角三角形になることから，$AB^2 + DG^2 = AB^2 + BE^2 = AE^2 = 5^2$となります。また，BD ＝ GE で，△AEG が直角三角形になるので，$BD^2 + GA^2 = GE^2 + GA^2 = AE^2 = 5^2$となります。よって答えは50です。

102

無作為抽出は
料理の味見？

説明ネタ

> 標本を抽出する方法である無作為抽出について指導します。実際に標本調査を行うことを想像すると，意外に難しいのが標本を抽出する工程です。この難しさを「味見」で説明するネタです。

　中学3年生男子のハンドボール投げの記録など，生徒が想像しやすいデータを用意します。教科書に載っているものを使用するとよいでしょう。データの個数を100個にすると，乱数を用いて標本を抽出する際に容易です。

　「この100人のデータの平均値を求めたいのですが，100個すべてをたして100でわって平均値を求めるのは大変ですね」

と述べ，標本調査へと導きます。標本の大きさについても触れますが，根拠をもって生徒が標本の大きさを決めるのは難しく，教師が10個選ぶことを決めた後，生徒に標本を抽出させます。それぞれの生徒が標本を抽出し，平均を求めたところで，教師があえて大きな値ばかりを選んでみせます。「大きい値ばかりを選んで取り出しているからよくない」のような発言につなげ，偏りなく標本を取り出す必要があることを表現させます。その後，無作為抽出を定義し，乱数さい，乱数表，コンピュータの表計算ソフトを利用して乱数を発生させる方法があることを伝え，その方法を説明します。

　「無作為抽出について理解できましたか？　これは料理をやったことがある人なら経験があると思います。そう，味見です。味見の前にはよく混ぜるでしょう。味に偏りがあっては味見にならないからです。また，つくった味噌汁をすべて味見する人はいないでしょう。なくなってしまうからです。スプーン1杯で十分ですよね」

　授業のまとめでは，このようにユーモアを入れながら，無作為抽出の本質を確認します。

標本調査とデータの活用

103

テレビの視聴率は
どう調べているの？

説明ネタ

> 標本調査の例として，テレビの視聴率調査を取り上げ，母集団や標本，標本の大きさなど，標本調査の重要語句について指導します。そのうえで，全数調査ではなく，なぜ標本調査なのかを考えさせます。

　企業が視聴率の調査を行っていることを伝え，その調査の方法を予想させます。テレビに機械を設置して行うことが多いということを知らせます。家にそのような機械があるかを問いかけることで，実は視聴率は一部の世帯でしか調査していないことを明らかにします。生徒はこのことを意外に思うようで，関心が高まります。

　ここまでの導入を踏まえて，この単元のタイトルにもなっている「標本調査」を定義します。そして，母集団は日本における全世帯，標本はテレビに機械を設置している世帯，標本の大きさはその数であるというように，この単元における重要語句について指導します。

　標本調査とあわせて，全数調査について定義し
「どうして視聴率調査は，全数調査ではなく，標本調査なのだろう？」
と発問します。なかなか意見が出ない場合は「全数調査で行うとどのような問題が起こりそうか」などと，少しずつ視点を与えます。時間，費用，労力といった視点が出れば十分でしょう。時間に関わる発言があった場合は，日本にどれくらい世帯があるのかを想像させ，その視聴率調査の結果をテレビ局などに早く伝えるという目的があることを確認します。費用，労力に関わる発言があった場合は，人件費，機器の設置費がかかることと，企業が行っている調査のため，費用や労力をなるべく抑えたいことを確認します。
「効率がよくても正しい調査結果が得られなければ意味がないのでは？」
などと揺さぶることで，一段と理解が深まるでしょう。

104

無作為抽出の
難しさを知ろう

課題ネタ

難易度★★

> 標本調査の構造が理解できたところで，無作為抽出の難しさを知らせます。標本抽出の方法が明暗を分けたと言われる有名な例として，1936年のアメリカ大統領選挙を取り上げ，問題点を生徒に考えさせます。

　この大統領選挙では，ランドンとルーズベルトの２人が候補でした。この選挙結果をある出版社が標本を取り出して調査し，ランドンの当選を予測しました。しかし，実際に当選したのはルーズベルトでした。その出版社の出す雑誌の購読者に富裕層が多く，標本が偏っており，富裕層はランドンに投票する傾向にあったからだというのが一般的な見方です。

　これを下のような図に示しながら（抽出の部分が怪しいと思わせながら）生徒に説明させます。意図をもって，標本を歪ませたわけではないのにこんなことが起こってしまうことに，標本調査の難しさを理解するでしょう。

標本調査とデータの活用

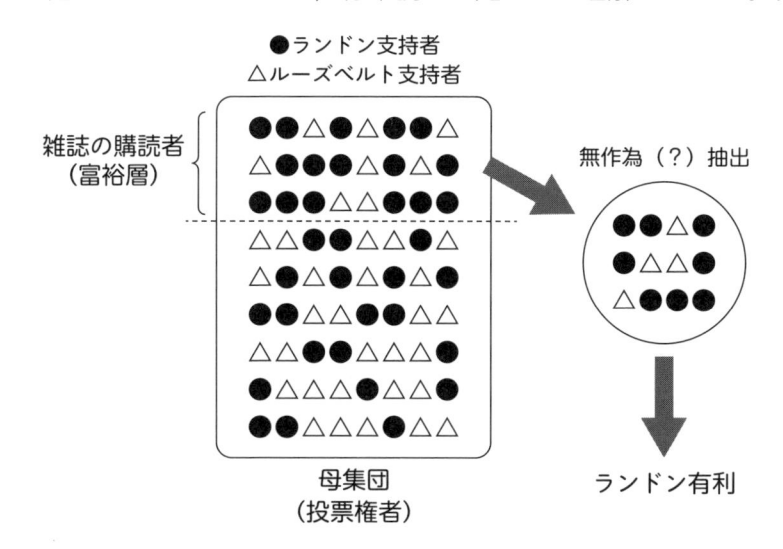

●ランドン支持者
△ルーズベルト支持者

雑誌の購読者
（富裕層）

無作為（？）抽出

母集団
（投票権者）

ランドン有利

105

先生は生徒を
どのように指名している？

課題ネタ

難易度★

> 標本を抽出する方法である無作為抽出について指導します。日頃の授業における指名について考えることで，無作為抽出の特徴や難しさについて知ることができるネタです。

　無作為抽出とは何かを定義した後に，無作為抽出のイメージを聞いてみるとよいでしょう。「102　無作為抽出は料理の味見？」と同様に，意外と身近なところから考えられるものです。これまで学習したどの単元と関連性が高いと思うかを尋ねてみるのもよいでしょう。教師は「データの活用」「確率」と系統的に指導しているつもりでも，案外生徒にはそういう意識はないものです。確率と関係があることを知ると「同様に確からしい」取り出し方を想起する生徒もいることでしょう。いくつかの玉が入った袋をよく混ぜて，中を見ずに取り出したり，トランプをよくシャッフルして1枚選んだりしたように，これまでにも無作為抽出は自然と行ってきているのです。

　「先生が生徒を指名するとき，どのように指名していると思いますか？」
と尋ねてみるのもおもしろいです。

　「指名する生徒の選び方が無作為抽出だと思えば○を，無作為抽出ではないと思えば×をノートに書きなさい」
と指示し，○×をノートに書いたことを確認したら，なぜそう思うのかを言わせるだけで，無作為抽出の理解が深まります。

　「先生は無作為ではなく，意図的に指名をしています。みんなの表情や発言，ノートなどから総合的に判断し，『今この瞬間に，この生徒の発言を全体に聞かせることでよい授業の流れができそうだ』と思う生徒を指名しているのです。だから，指名された人は自信をもって答えるのですよ」
のように，意図的指名を価値づけてみるのも一興です。

106

落下したネコの生存率は？

探究ネタ

標本調査は大切なことを見落とすととんでもない結論を導き出してしまうことがあります。一見正しそうな結論も素直に信じてはいけません。大人でも騙されそうになってしまうミステリーのようなネタです。

標本調査とデータの活用

　ある5か月間，ニューヨーク市の高層マンションからネコが落ちてしまった事故のうち，何階から落ちたかという獣医師の記録があったのは129匹でした（2階～32階までの記録が残っていた）。

・7階以上から落ちたのは22匹で，うち1匹は死亡

・そのうち9階以上から落ちたのは13匹で，すべて生存

・2階以上6階以下からから落ちたのは107匹で，うち7匹死亡

という記録でした。このデータから，7階以上と2階～6階で比較すると，7階以上から落ちた方が生存率は高いと言えます。

　「ある程度の高さがあると衝撃を吸収できるのではないか」「データの数が足りないのではないか」などの意見が出そうですが，標本調査の肝である標本の取り方に致命的な誤りがあります。性質を知りたい母集団は「すべての落下したネコ」に対して，標本は「獣医師の記録があったネコ」です。つまり，右図のAの部分には高層階から落下し即死したネコが，Bの部分には低層階から落下し病院に運ばれなかったネコが存在するのです。標本の取り出し方の難しさを実感するにふさわしいネタです。

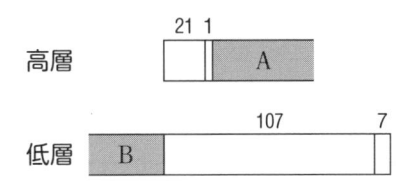

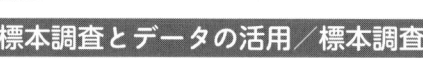

107

標本の大きさを
いくつにする？

課題ネタ

難易度★

> 標本の大きさを大きくすれば，標本の平均値の散らばりは小さくなり，母集団の平均値に近づいていきます。このことを，１人１台端末を活用して理解できるネタです。

「102　無作為抽出は料理の味見？」で紹介したような，中学３年生男子100人のハンドボール投げの記録などのデータを用意し，標本を取り出して平均値を求めます。

標本の大きさを適切に決めることは難しいため，深入りはしませんが，生徒にいくつかのパターンを実際に体験させることには価値があります。

「標本の大きさをいくつにしたいと思いますか？」

と投げかけ，生徒の感覚を聞いてみるのもよいでしょう。自分で決めた標本の大きさで平均値を求めさせたいところですが，活動の目的は「標本の大きさを変えるとどうなるかを理解する」ことなので，全体で10，30，50，90のようにいくつか数値を決め，それを小グループに分担するとよいでしょう。目的を意識すれば，ある程度の差があった方がよいことは理解できます。標本の大きさが１，100などの極端な場合を想像する生徒を育てたいものです。そのような発言が出たら，すぐには取り上げず，記憶しておきます。

自分の分担の標本の大きさが決まったら，実際にその大きさの標本を取り出して平均値を求めます。教師は事前に表を準備しておき，生徒は１人１台端末を使ってそれぞれのグループで得たデータを入力し，全体で共有します。共有して，傾向が見えてきたところで，改めて「標本の大きさが１や100とはどういうことか？」などと取り上げます。「標本の大きさが100ということは母集団の平均そのもの」のような生徒の声をみんなで聞き合いたいものです。

課題ネタ

難易度★

標本調査とデータの活用／標本調査

108
標本の大きさと平均値を
箱ひげ図で考えよう

> 何度か標本を取り出すとき，標本の大きさが大きいほど，標本の平均
> 値の散らばりは小さくなり，母集団の平均値に近づきます。このことを
> 箱ひげ図で視覚的に理解するネタです。

　前項で用いたデータを見たり，標本の大きさが1と100などの極端な場合
を考えたりすれば，標本の大きさが大きいほど，標本の平均値が母集団の平
均値に近づくことはわかります。さらにその傾向をはっきりと捉えるために
は，箱ひげ図で表すとよいでしょう。

　箱ひげ図で表すと，多くのデータの分布の傾向が比べやすくなることを思
い起こさせます。そして，教師が統計ソフトなどで箱ひげ図を作成して生徒
にそのデータを配付してもよいですし，時間が許すのであれば，1人1台端
末を使って作成するのもよいでしょう。表計算ソフトにデータを入力すれば，
簡単に作成することができるので，よい経験になります。

標本調査とデータの活用

　おおよそ次のような概形
の箱ひげ図ができることで
しょう。この箱ひげ図を参
照し，生徒と対話しながら
次のようなことを導きます。

標本の大きさ

⑨ 小

⑨ 大

①標本の大きさが大きいほ
　ど，箱ひげ図のひげが短
　くなっている
②四分位範囲，範囲が狭くなっている
③データが母集団の平均に近づいている

109
標本調査を利用して推定しよう

課題ネタ

難易度★

> 標本調査を利用する「標識再捕獲法」があります。特定の地域に生息している動物の個体数を調べるときなど，すべてを数え上げることが難しいときに使う方法です。推定の仕方を考えるのにぴったりのネタです。

「箱の中に大量に白い玉が入っている。この白い玉の数を数えたい」という場面設定をします。どう数えるかを生徒に考えさせても「標識再捕獲法」のアイデアが出ることは期待できないため，教師から手順を示します。

①箱の中から白い玉を一部取り出す。

②取り出した玉の数を数え，同じ数の黒い玉を箱に入れる。

③箱の中をよくかき混ぜる。

④もう一度，箱から玉を一部取り出し，合計の個数と黒い玉の個数を調べる。

①〜④の手順とあわせて，箱や白い玉，黒い玉の簡単な図を示すことで，手順を視覚的に捉えさせます。また，具体的な個数も示し「120個中20個」「x 個中80個」のように黒板に書くことで，割合の考え方が使えそうだという見通しをもたせます。比例式をつくっている生徒とその他の方法で求めている生徒をどちらも意図的に指名し，それぞれがどんな考え方かを全体の場で共有するとよいでしょう。

手順を理解した後に，

「このような方法を『標識再捕獲法』といいます。『標識再捕獲法』はどんな場面で使えそうですか？」

と尋ねます。方法のネーミングから池の魚や森の動物の個体数を調べる方法であることに気づいたら，具体的に説明するよう促します。例えば，箱の玉を数える際によくかき混ぜることと，生き物の個体数を調べる際に何日か待つことが対応しており，どんな意味があるのかなどにも言及させましょう。

110
作為的なアンケートを
つくろう

探究ネタ

標本調査の考え方を活用して身の回りにある問題を解決しようとしたとき，アンケートの質問を考える必要があります。調査の目的に合う回答を得る方法を知るため，逆に作為的なアンケートを考えます。

次のように，教師が意図的なアンケートを示します。

「今から作為的なアンケートをみんなに体験してもらいます。設定はみんなの修学旅行の行き先を決める場面です。私が４つ候補を出すので，その中から１つだけ選んでください。

A　グアム　　　B　タヒチ　　　C　ロンドン　　　D　サイパン」

ねらいはCが一番人気になることです。宮殿や博物館，街並みを楽しみたいという生徒はCしか選択肢がないのに対して，南の島，海のリゾートを楽しみたいという生徒はA，B，Dに分かれてしまうためです。こう考えると，2020年東京オリンピック・パラリンピックのエンブレムも，最終候補が４つ残り，その中で唯一落ち着いたイメージのデザインが選ばれました。このことも真実はどうかはわかりませんが，この考え方を伝え，アンケートがうまくいってもいかなくても，こちらのねらいを確認します。

実際にアンケートをつくろうとすると，どのように質問事項をつくっていけばよいのかを吟味する必要があります。実際に使われているアンケートを見せたり，自分がアンケートを取ることを想起させたりして，この難しさを実感させます。

逆説的に，

「このアンケートのように，作為的なアンケートをつくってください」

と指示するのもよいでしょう。生徒が考えたアンケートを，実際に教室で試し，その意図を共有することで理解を深めます。

標本調査とデータの活用

【執筆者一覧】

玉置　　崇（岐阜聖徳学園大学）

芝田　俊彦（愛知県小牧市立応時中学校）

山本　龍一（愛知県小牧市立応時中学校）

松井　大樹（愛知県江南市立北部中学校）

【編著者紹介】
玉置 崇（たまおき たかし）
1956年生まれ。公立小中学校教諭，国立大学附属中学校教官，中学校教頭，校長，県教育委員会主査，教育事務所長などを経て，平成24年度から3年間，愛知県小牧市立小牧中学校長。平成27年度より岐阜聖徳学園大学教授。
文部科学省「学校教育の情報化に関する懇談会」委員，「新時代の学びにおける先端技術導入実証事業」推進委員，中央教育審議会専門委員を歴任。
数学教育に関する著書に『中学校数学授業 発問・言葉かけ大全 生徒が考えたくなるキーフレーズ100』『WHYでわかる HOWでできる 中学校数学授業アップデート』『中学校 数学の授業がもっとうまくなる50の技』『中学校 新学習指導要領 数学の授業づくり』『スペシャリスト直伝！中学校数学科授業成功の極意』（以上明治図書，単著）など。
その他に，学校運営，学級経営，仕事術，話術などにかかわる著書多数。

わかる！楽しい！
中学校数学授業のネタ110 3年

2025年2月初版第1刷刊 ©編著者 玉 置 崇
発行者 藤 原 光 政
発行所 明治図書出版株式会社
http://www.meijitosho.co.jp
（企画）矢口郁雄 （校正）安藤龍郎
〒114-0023 東京都北区滝野川7-46-1
振替00160-5-151318 電話03（5907）6701
ご注文窓口 電話03（5907）6668
＊検印省略
組版所 藤 原 印 刷 株 式 会 社

Printed in Japan　　　　　ISBN978-4-18-243321-4
もれなくクーポンがもらえる！読者アンケートはこちらから→

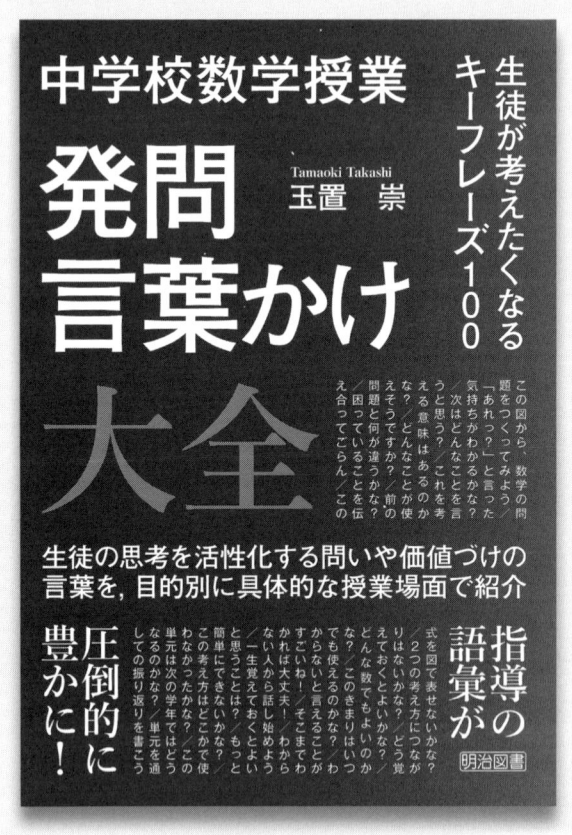